Serie Autoayuda y Desarrollo Personal

Cómo ganar amigos
e influenciar a las personas
en el siglo 21

Lecciones transformadoras que le permitirán a
cualquiera conseguir relaciones duraderas y
llevarse bien con personas en todos los ámbitos
de la vida moderna

Josué Rodríguez

ÍNDICE

Prefacio

Últimamente he oído con mucha frecuencia el dicho "Una persona es conocida por la compañía que tiene." Casi todas las formas de lenguaje en la tierra tienen alguna forma de equivalente para este proverbio.

Esto es un claro indicio de lo importante que es elegir a los amigos correctos. De hecho, podríamos extrapolar este enunciado y decir que es muy importante elegir a la correcta clase de personas con las que te rodeas.

En este libro vamos a analizar este concepto desde su base. Vamos a ver la importancia de codearse con las personas correctas, mantener amistades significativas, y vamos a ir a un nivel incluso más básico que ese. También veremos cómo deberíamos ganarnos a las personas e influenciarlas. Lo que hace a este libro distinto del resto es que nos vamos a enfocar específicamente en el tipo de amistad acorde al siglo 21.

A estas alturas seguramente te habrás dado cuenta que la amistad ha cambiado drásticamente en estos tiempos modernos. Ya no se trata de tener gente alrededor tuyo físicamente para que puedan ser considerados amigos… de hecho, personas que nunca has conocido podrían tener una amistad duradera contigo. El Internet, y más recientemente el fenómeno de la Web 2.0, ha cambiado la manera en la que el mundo percibe la amistad.

Mientras ojeas las páginas de este libro, seguramente experimentarás una gama de emociones. A medida que lees y aprendes los conceptos que compartiré contigo, te darás cuenta de muchas cosas. Podrás sentirte feliz y satisfecho de tener a los amigos adecuados, o tal vez puedas sentirte decepcionado por no tenerlos. Seguramente te darás cuenta que las personas que te rodean son bien intencionadas y son beneficiosas para ti, o podrías ver que algunos de ellos no son lo que parecen. Cualquiera sea tu situación, descubrirás cómo puedes aprovechar lo que tienes en este momento, y cómo puedes juntarte con las personas correctas.

Anímate, este libro de seguro será un viaje de auto descubrimiento para ti. ¡Mucha suerte!

1

Los Seres Humanos
Son Criaturas Sociales

"Si hay algo que he aprendido es que la piedad es más inteligente
que el odio, que la misericordia es preferible aún a la justicia
misma, que si uno va por el mundo con mirada amistosa, uno
hace buenos amigos."
Philip Gibbs (1877- 1962) Periodista y novelista británico

Hemos aprendido en la escuela que los seres humanos
somos criaturas sociales, así como lo son las hormigas
o las abejas. No podemos vivir en soledad. Tenemos
que vivir en la compañía de otras personas. Las
personas que viven en soledad son consideradas algo

"poco normales" y la verdad es que el mundo no trata a estas personas tan amablemente. Al mismo tiempo, la gente que vive en compañía de otros no siempre sabe cómo aprovecharlo al máximo.

Los seres humanos somos frecuentemente descritos como criaturas sociales. Casi nunca se nos encuentra solos, e incluso cuando estamos físicamente solos, estamos constantemente pensando acerca de otras personas que comparten nuestra vida. ¿Cuándo fue la última vez que se te ocurrió hacer algo que no involucrara a otra persona?, ¿Cuándo fue la última vez que tuviste un sueño en el cual no había otras personas además de ti? Todo lo que hacemos, consciente o inconscientemente, necesita incluir a otras personas. La naturaleza ha dispuesto sabiamente que así seamos.

Desde que nacemos hasta nuestro último respiro, queremos tener personas alrededor nuestro. Tal vez el único momento en nuestras vidas en el cual no queremos tener personas alrededor es cuando dormimos, aunque sin embargo eso no es enteramente cierto, ¿verdad? Incluso cuando dormimos "solos", queremos que otras personas duerman en el mismo cuarto en el que nosotros pernoctamos. ¡Conozco a tantas personas que no pegarían un ojo durante la noche si tuvieran que dormir solos en un cuarto!

Pero lo que encuentro más asombroso acerca de esta sociabilidad en nuestro comportamiento es que podemos inducir hábitos en otras personas. La manera en la cual vivimos —la parte social de nuestro vivir— influencia a las demás personas sin importar si queremos que suceda o no. De hecho, ocasiona algún cambio en sus vidas, por más pequeño que sea.

Hubo una etapa en mi vida durante la cual con mi familia nos mudamos a un campo exuberante, con todo el verde que uno pudiera encontrar. Era un lugar idóneo para vivir y realmente disfruté los pocos años que pasé en ese refugio silvestre. Todo acerca de ese lugar era verdaderamente precioso, pero había algo en particular que me molestó en mis primeros días allí.

Siempre me gusta comenzar el día con una taza de café caliente y un periódico local para leer, que todavía tenga consigo el olor a la prensa de impresión. Es mi costumbre. No me agrada demasiado poder saber qué sucede en el mundo exterior —confío más en el Internet para eso— pero leer el diario es un hábito de la niñez del cual no puedo deshacerme incluso ahora.

Entonces, cuando vivía en esa hermosa casa, todo satisfacía muy bien mis necesidades, pero mi abastecimiento frecuente de periódicos había sido eliminado por completo. Ningún vendedor de periódicos se trasladaría tan lejos como para entregar un diario en mi casa, aunque el pueblo cercano estaba lleno de puestos de venta.

Cuando ya no pude soportarlo más, fui hasta el pueblo una tarde y me encontré con los chicos de reparto de periódicos de la zona. Hablé con algunos de ellos y les pedí que entregaran el periódico en mi casa. Tuve que convencerlos e incluso al principio se negaron. Pero eventualmente, conseguí encontrar a un chico que estuvo de acuerdo en ir todas las mañanas a entregar el periódico.

¿Cómo describir la mañana siguiente? Fue pura y exclusivamente una dicha celestial. Tengo otro hábito molesto, el de levantarme a las 6 en punto cada mañana, y para las 6:15, este muchacho venía en su bicicleta, pedaleando sin detenerse por el camino de entrada a mi casa, y arrojaba el periódico, apuntando perfectamente hacia mi porche. El café supo mucho mejor ese día.

Luego de hablar con ese chico, y durante los tres meses que permanecí allí, él no dejó de entregar el diario ni un solo día. Tal vez lo convencí demasiado bien, diciéndole que no podía empezar bien mi día sin leer el Daily Times. De todos modos, y que Dios lo bendiga, nunca dejó de venir ni un solo día.

En el día de mi mudanza, me hice un tiempo para encontrarme con él en la mañana, tomar el diario de su mano y pagarle lo que le debía. Se fue sin decir una palabra.

Unas semanas después visité aquel pueblo nuevamente. Me encontré con aquel joven muchacho por casualidad. Ya se veía más grande —los chicos jóvenes crecen muy rápidamente y se ven diferentes todas las semanas. Le pregunté cómo le iba. Lo que me dijo me impactó fuertemente.

Dijo que mi mudanza ocasionó un gran impacto en él. Notando que yo estaba confundido, me dijo acerca de cómo mi hábito de necesitar el periódico temprano en la mañana lo forzó a levantarse incluso más temprano que antes, y cómo eso le ayudó a repasar sus apuntes de la universidad (estaba estudiando para ser médico). Dijo que para él se había convertido en una costumbre levantarse de manera puntual, ir en bicicleta hasta mi casa con el periódico, entregar algún que otro periódico en el camino, e ir directo a casa y empezar a estudiar. Después de que me fui ya no necesitaba levantarse tan temprano, y debido a ello se volvió más perezoso con respecto a sus ciclos de sueño. Comenzó a levantarse más y más tarde cada día (su reloj mental le decía constantemente que no necesitaba levantarse temprano), y lentamente dejó de entregar periódicos por completo. Eventualmente, también redujo sus horas de estudio.

Estaba sorprendido por lo que me había dicho. No sabía cómo una idiosincrasia mía pudo crear un hábito en alguien más. Este pequeño acontecimiento me enseñó que todo lo que hacemos, sin excepción, genera un impacto en la gente que nos rodea.

Somos la suma total de la gente con la que vivimos. Ellos nos identifican; aquel concepto de la identidad individual es un mito. Nuestras identidades están conectadas de manera tan cercana a las personas con las cuales vivimos que tampoco podemos hablar sobre ellos en términos absolutos.

Piensa en ello. Las personas que viven en tu casa, ¿no hacen cosas para ti, desarrollando hábitos propios en el proceso? Una madre que se levanta temprano para preparar a su hijo para ir a la escuela está alterando su rutina por amor a su hijo. Si esperas a alguien para ir al gimnasio juntos, entonces estás alterando tus hábitos de acuerdo a la rutina de la persona que te acompaña. Y eso que hasta ahora ni mencioné las relaciones amorosas, en las cuales la gente se cambia a sí misma tan dramáticamente que ya no existe el concepto de individualidad en absoluto.

Necesitamos personas que nos rodeen para ayudarnos. Las necesitamos para realizar nuestras pequeñas y grandes tareas, y nosotros también hacemos cosas por nuestra cuenta. Necesitamos personas que vivan con nosotros. Necesitamos personas con las cuales podamos compartir nuestros pensamientos e ideas. Necesitamos gente con la cual trabajar, estudiar o hacer ejercicio. Estas son cosas que no podemos hacer solos.

Y al mismo tiempo sabemos que tenemos que hacer cosas para ellos también. Sin importar que lo aceptemos o no, en cada instante de nuestro día estamos haciendo cosas con otros en mente. Probablemente tú trabajas por el dinero que recibirás a fin de mes, pero al final del día sabes que lo que sea que estés vendiendo es una necesidad para alguien más. Los negocios no existirían sobre la faz de la tierra si no fuéramos seres sociales, porque la base de un negocio está en encontrar una necesidad y buscar suplirla. Para que haya una necesidad tiene que haber alguien necesitado. Y es con ese alguien que podemos empezar a interactuar socialmente

La amistad es sólo una pequeña parte de lo que significa ser social; es sólo un aspecto de ello. Pero en el siglo 21, el involucramiento de la amistad se ha convertido en un concepto mucho más amplio, como vamos a ver en los capítulos siguientes. Ya no es necesario eso de "en la necesidad se conoce al amigo." La definición ha ido más allá de la "necesidad." La amistad es ahora la representación de nuestras vidas en sí mismas.

2

Conoce lo que es un amigo:
La amistad en el siglo 21

*"Recorre a menudo la senda que lleva al huerto de tu amigo, no
sea que la maleza te impida ver el camino."*
Proverbio indio

Definitivamente se puede decir que el concepto de la
amistad ha cambiado extraordinariamente en los
últimos años. Los amigos ya no tienen que estar
contigo todo el tiempo. No necesitan salir juntos para
ser llamados amigos. Eso es así porque hoy en día
¡personas que nunca se han visto en persona pueden
ser amigos!

¿Confundido? Sigue leyendo…

El concepto de amistad ha sufrido un renacimiento en muchos aspectos. Durante nuestra anterior generación, cuando solían anunciar a alguien como su amigo, normalmente significaba que eran compañeros de estudio o de trabajo, y que pasaban mucho tiempo juntos. Significaba que eran personas con al menos algunos gustos e intereses en común, y que andaban juntos. En aquellos tiempos, la gente formaba amistades por un motivo en particular —porque trabajaban o estudiaban juntos o porque vivían en el mismo barrio. ¡Rara vez salían sus amigos de su hábitat!

Pero esa era la época de la compartimentación. Los amigos, como todo lo demás, estaban compartimentados, es decir segmentados. Teníamos a los amigos de la escuela, amigos de la universidad, amigos de la oficina, amigos de la iglesia, amigos del fútbol y así por el estilo. Es hasta gracioso pensar en eso ahora. En los tiempos que corren, tal división definitivamente no es posible. Puedes encontrarte con tu amigo en un lugar en particular, pero no necesariamente permanecerán allí. Así es la amistad en el mundo de hoy en día: no permanecen de manera fija en sólo un área de tu vida; se expanden por todas las demás.

Las redes sociales son aún más profundas. Es mucho más posible que un amigo tuyo de la "escuela" conozca a tu compañero de la oficina y así sucesivamente. El factor de exclusividad ya no existe.

¿Por qué ha ocurrido este cambio radical? En mayor medida, el Internet es responsable de ello. Hoy en día estamos todos muy activos en los sitios de redes sociales, ya sea Facebook, LinkedIn o Twitter. Estamos en todos lados. Estos sitios de redes sociales actúan de manera tal que le muestran al mundo entero quiénes son tus amigos. No puedes mantenerlos ocultos por más tiempo. En cualquier momento, alguien va a ver a alguien que ya conoce, y otra red comienza a construirse en ese momento y en ese lugar. El Internet ha convertido nuestras vidas en algo tan público que inmediatamente todos saben lo que nos ocurre.

Es más, con la llegada de Whatsapp, se ha abierto otra forma de encontrar amistades y comunicarse con esas personas. Por ejemplo, amigos de la escuela primaria crean un grupo y siguen hablando 20 años después de haber cursado juntos. Un amigo mío en Australia se contactó con su par de Estados Unidos, me lo presentó y comenzó una plática, primero casual, y luego de negocios, que nos llevó a los tres rumbo al Paraguay para concretar emprendimientos en ese país.

No quiere decir que estas conexiones entre personas no existieran en el pasado. Lo hacían. El único problema era que en aquellos días no teníamos los sitios de redes sociales que poseemos hoy en día. Por ese motivo, personas a las cuales conocimos a través de algún lugar, permanecieron allí. No tuvieron la posibilidad de saber demasiado acerca de nuestra vida privada, y por lo tanto no tenían la posibilidad de saber demasiado acerca de las demás personas asociadas a nosotros.

¿Quiere decir esto que hacer amigos e influenciar en las personas se ha vuelto más fácil en el siglo 21? Definitivamente se ha vuelto mucho más fácil hacer amigos hoy en día. Puedes expandir tu propia red, puedes volverte amigo de los amigos de tus amigos, e incluso puedes encontrar personas que están interesadas en ti de manera muy directa.

Pero, ¿se ha vuelto más fácil influenciar a estos amigos? Esta es en realidad la parte del asunto en la que debemos involucrarnos más. Tenemos amigos alrededor nuestro el día de hoy, pero tendremos que esforzarnos si queremos influenciarlos. La parte de la influencia no va a suceder así como así; tienes que trabajar un poco en ello. Al mismo tiempo, no te estoy diciendo que no es posible o ni siquiera tan difícil. No lo es. De hecho, puedes influenciar a las personas de manera mucho más fácil actualmente porque tienes muchas plataformas en las cuales desarrollar tu estrategia. Aun así, necesitas saber cómo manejarte de la manera adecuada.

Los amigos de hoy en día son distintos porque:

* No se confinan a una única parte de tu vida,
* Te conocen mucho mejor que antes, incluso algunas de tus cosas más íntimas,

* Los conoces mucho mejor debido a las mismas causas,
* Son parte de tu red,
* Pueden nunca haberte conocido en persona,
* Te pueden brindar oportunidades como nunca antes,
* Son más entendidos en cuestiones tecnológicas, como tú,
* No necesariamente forman parte de tu cultura,
* No es necesario que compartas tus gustos y disgustos con ellos, y por muchas otras razones.

Por eso también, ganarse amigos e influenciarlos requiere un enfoque totalmente distinto hoy en día.

Vamos a invertir mucho tiempo en este aspecto —el de influenciar a las personas. Cualquiera puede hacer amigos, pero conservarlos es un desafío. Lentamente, te vamos a develar estos secretos.

3

Amigos del trabajo vs. amigos de verdad

"¿Qué cosa más grande que tener a alguien con quien te atrevas a
hablar como contigo mismo?"
Marco Tulio Cicerón (106 AC-43 AC). Escritor, orador y
político romano.

Antes de que nos embarquemos en la tarea de ganar amigos e influenciarlos, es importante que puedas identificar quiénes son tus verdaderos amigos. Necesitas distinguirlos de otra categoría popular — amigos del trabajo.

Frecuentemente cometemos el error de tomar a "conocidos" como amigos. Esto sucede de diversas maneras. La manera más común es cuando confundimos conocidos con amigos de verdad. Las personas del trabajo pueden convertirse en amigas, pero no necesariamente son amigas de por sí. Pensar que las personas del trabajo son amigos es una noción que tiene sus raíces en nuestra vieja manera de pensar. Solíamos pensar que cualquiera con el que pasáramos tiempo era un amigo. Eso no es necesariamente cierto el día de hoy.

El propósito de este libro es decirte cómo puedes ganar amigos e influenciar a las personas de manera efectiva en el mundo tal como lo conocemos hoy. Aunque no es muy difícil de hacer, uno de los primeros y esenciales pasos que debes tener en cuenta es saber cómo reconocer a un amigo. Por lo tanto, también deberías saber cuáles son las cualidades que "no están" presentes en un amigo.

Para hacer amigos e influenciar a las personas de manera efectiva, deberías tener un conocimiento innato que te ayude a darte cuenta de quiénes son tus verdaderos amigos, y quiénes son simplemente amigos "del trabajo."

¿Con quién puedes contar?

Se cuenta la historia de un niño llamado Hugo a quien le gustaba mucho hacer nuevas amistades. Él se jactaba de tener no cientos, sino miles de amigos. No pasaba un día en que no presumiera de la cantidad de amigos que tenía en la escuela, y de que él era muy amigo de todos ellos. Un día su abuelo se le acercó y le dijo así:

— Te apuesto una bolsa de caramelos a que no tienes tantos amigos como crees, Hugo. Estoy seguro que muchos de ellos son simples compañeros.

Hugo le dio la mano a su abuelo, y mientras la apretaba firmemente, le dijo:

— Acepto tu desafio, abuelo.

La cosa es que Hugo no sabía muy bien cómo probarle a su abuelo que todas las personas que él conocía eran sus amigos, así que decidió preguntarle a su abuela. Luego de pensar unos segundos, la sabia mujer le dijo:

— Tengo justo lo que necesitas en mi dormitorio. Espérame un momento.

La abuela salió del comedor, donde estaba cocinando y al poco rato volvió como si llevara algo en la mano, pero Hugo no podía ver nada.

— Aquí está, tómala. Es una silla muy especial. Es difícil sentarse porque es invisible, pero si la llevas al colegio y consigues sentarte en ella activarás toda su magia, pudiendo a tus amigos del resto de tus compañeros.

Así fue que Hugo, valiente y decidido, tomó aquella extraña silla invisible y se fue con ella a la escuela.

Luego del primer turno de clases, y cuando llegó la hora del recreo, pidió a todos sus compañeros de clase que hicieran un círculo. Hugo se puso en medio de ellos con su silla.

— No se muevan, prepárense para ver algo alucinante.

Acto seguido fue a sentarse en la silla, pero como no la veía, falló en su intento y calló estrepitosamente al piso. Todos sus compañeros comenzaron a reírse a carcajadas.

— Esperen, esperen, es que no me ha salido muy bien — les dijo, mientras volvía a intentarlo.

Pero volvió a fallar, provocando esta vez algunas caras de extrañeza y las primeras burlas por parte de algunos presentes. Aun así Hugo no se rindió, y siguió intentado el sentarse sobre la silla mágica de su abuela, pero lo único que conseguía era caerse al piso una y otra vez, hasta que de pronto, al intentarlo otra vez, no calló, sino que quedó como suspendido en el aire.

Fue allí que comprobó la magia de la que hablaba su abuela. Al mirar a su alrededor pudo ver las caras sonrientes de Lucas, Mario y Daniela, tres de sus mejores amigos, quienes estaban sujetándolo para que no cayera, mientras que muchos de sus otros compañeros, de quienes había pensado que eran sus amigos, no hacían otra cosa que burlarse de él, disfrutando y riéndose con cada una de sus caídas.

Hugo entonces se apartó de la escena con sus ahora tres verdaderos amigos. Esa tarde los cuatro fueron a casa de Hugo para conocer al abuelo y pagar la apuesta. La pasaron muy bien escuchando sus historias y comiendo caramelos hasta reventar.

La abuela, luego de escuchar lo que había sucedido, les explicó que los buenos amigos son aquellos que nos quieren de verdad y se preocupan por nosotros, y no cualquiera que pasa a nuestro lado, como así tampoco los que disfrutan de las cosas malas que nos suceden.

Desde entonces Hugo y sus amigos usaron la prueba de la silla muchas veces, y aquellos que la superaban resultaban ser amigos verdaderos para toda la vida.

Antes dije que el dicho "en la necesidad se conoce al amigo" no se sostiene mucho en los tiempos que corren, y yo defiendo esa idea. Pero al mismo tiempo no se puede negar la cuestión de que es importante para ti saber quiénes de tus amigos te van a apoyar en esos momentos difíciles y desolados. Otro dicho popular dice "El que a buen árbol se arrima, buena sombra le cobija."

Un amigo verdadero es alguien que te puede ayudar en tiempos adversos. Ahora, piensa acerca de tus amigos del trabajo y tus otros amigos. Supón que tienes un problema financiero. Necesitas algo de dinero de manera urgente. ¿A quién te acercarías?

Piénsalo muy bien. Si es necesario, practica este ejercicio escribiendo todos los nombres que se te ocurren en un trozo de papel. Luego haz un círculo alrededor de los nombres de todas aquellas personas con las que podrías contar, aquellas personas con las cuales no dudarías ni un segundo en llamar si estás atravesando tiempos difíciles. Van a haber personas que sabes que no se molestarían en ensuciar sus manos para sacarte de esa situación complicada, pero también van a estar aquellos que sabes que están siempre listos para ayudarte. Éstas son las directivas que pueden ayudarte a separar el trigo de la paja.

¿Quién estará contigo?

Cuando piensas acerca de quiénes son tus verdaderos amigos, es una buena idea pensar a futuro. Piensa acerca de la persona de aquí a dos años en el futuro. ¿Qué piensas?, ¿todavía mantendrán contacto contigo? Con la mayoría de los amigos que hacemos en escuelas, universidades y en nuestro lugar de trabajo, la amistad ocurre sólo porque estamos haciendo algo juntos. Una vez que ese lazo en común se ha roto, normalmente sucede que el contacto en sí mismo se pierde, y ni hablar de la amistad. ¿Piensas que ocurrirá eso? Si es así, entonces tal vez no deberías considerar esa relación como a una amistad verdadera.

Un amigo verdadero es aquel que va a acompañarte

más allá de las barreras del tiempo, sin importar en qué etapa de tu vida te encuentres. Aunque tal vez ya no estén físicamente presentes contigo, seguramente se mantendrán en contacto. Y en este momento, gracias a la tecnología, existen muchas otras maneras de mantenerse en contacto.

Len Wein, escritor norteamericano, dijo una vez: "El verdadero amigo es aquél que está a tu lado cuando preferiría estar en otra parte."

¿Qué sabes acerca de la familia de tu amigo?

Éste es otro factor que te muestra qué tan cercana es tu amistad. Normalmente, cuando conocemos gente en la escuela, la universidad o nuestro lugar de trabajo, damos por hecho que son nuestros amigos sin nunca darnos cuenta de lo poco que sabemos de sus vidas fuera del lugar que compartimos en común.

Por ejemplo, ¿qué tanto sabes acerca de la familia de esta persona? ¿Sabes acerca de sus gustos y aversiones? ¿Conoces los lugares que frecuentan? ¿Conoces a alguno de sus otros amigos?

Si tu respuesta a estas preguntas es negativa, entonces lo que tienes en frente es meramente un conocido. No puedes llamarle amistad a eso.

Una persona realmente amigable también te involucrará

en diferentes aspectos de su vida cotidiana. Te contará acerca de su vida fuera del lugar de donde ustedes se conocen mutuamente. También querrá saber acerca de otras facetas de tu vida, tales como actividades, familia, deportes que te gustan, etc.

Recuerda que los amigos de verdad siempre quieren saber todo lo que pueden acerca del otro.

¿Te toman en serio?

La próxima vez que estés interactuando con cualquier persona de tu lugar de trabajo o del lugar en donde estudias, evalúalos acerca de qué tan seriamente te toman. ¿Te escuchan con atención? ¿Te piden opiniones o sugerencias? ¿Actúan según ellas? ¿Te preguntan acerca de tus gustos y aversiones, acerca de cómo te sientes respecto de ciertas cosas? ¿Están interesados en ti como persona, o simplemente están interesados en estar contigo?

Si notas que hacen lo anteriormente descrito, entonces son buenos amigos tuyos. Has encontrado a alguien que tiene interés en ti y te valora con la seriedad que mereces. Pero si solamente están interesados en estar contigo, entonces están detrás de alguna motivación egoísta. Solamente quieren tu compañía. No están interesados en ti como persona, en ese caso la base fundamental de la amistad no existe porque no está presente.

Ralph Waldo Emerson dijo: "La gloria de la amistad no es la mano extendida, ni la sonrisa bondadosa, ni la alegría de la compañía; es la inspiración espiritual que sientes cuando descubres que alguien más cree en ti y está dispuesto a confiar en ti con una amistad."

Así como deberías estar interesado en una persona para que sea tu amiga, es importante que esa persona también esté interesada en ti. La amistad es un lazo mutuo que se fortalece cuando las dos partes interactúan y aportan equitativamente a la relación.

¿De qué hablas?

Existe otra manera interesante de descubrir quiénes son tus verdaderos amigos. Cuando te encuentras con tu supuesto amigo fuera del lugar de trabajo, escuela o universidad, ¿puedes hablar con ellos de manera casual o acerca de otras cosas? ¿O acaso tu conversación con ellos solamente implica hablar acerca de la actividad que normalmente comparten en su lugar de trabajo?

Si no eres capaz de hablar acerca de nada con ellos aparte de la actividad que los une, entonces estás ante una amistad débil. A los buenos amigos nunca se les acaban los temas de conversación. Nunca hallan la compañía del otro incómoda o aburrida. Alguien dijo una vez: "La verdadera amistad es la que sigue a tu lado incluso cuando no te queda nada por ofrecer, salvo tu compañía."

¿Te sientes feliz por ellos?

¿Qué tan ligado emocionalmente te encuentras con ellos? ¿Te vuelve genuinamente feliz que les pasen cosas buenas, incluso si es a costa tuya? Por ejemplo, si ustedes estuvieran compitiendo por un ascenso en particular y ellos lo consiguen, ¿seguirías sintiéndote feliz? Y al revés, si tú consiguieras el ascenso, ¿Se pondrían realmente contentos?

Lo que decide qué tan unidos son es qué tan bien pueden compartir las victorias de cada uno. Si no sientes emoción, aventura y compañerismo, entonces algo está faltando en la relación. No puedes llamarla amistad si los lazos emocionales son débiles.

¿Planean cosas para hacer juntos?

Otra manera muy profunda de descubrir si tu amistad es real o no es ver si planean cosas para hacer juntos o no... ¡y disfrutar de eso! ¿Pasan tiempo juntos porque las circunstancias los han obligado a hacerlo, o realmente planean actividades específicas para realizar? Por ejemplo, ¿planean ir a ver una película, visitar la biblioteca, ir de compras, o lo que sea, aparte del tiempo que comparten en el lugar de trabajo, escuela o universidad? Todo se suma aquí. Si tienen la intención de hacer muchas cosas el uno con el otro, más de lo que se supone que harán, entonces hay una buena amistad floreciendo allí.

Los amigos que son meramente amigos "del trabajo" no querrían hacer nada contigo aparte de lo que tienen que hacer —ir a trabajar, ir a clase, etc. Si es una amistad verdadera, debería ir más allá de estas cosas obligatorias.

De acuerdo a lo anterior, hay algunas cosas que tienes que tener en mente cuando estás evaluando tu amistad. Hay muchísimos tipos de personas ahí afuera, y tú los vas a conocer a todos. Pero nuestra intención es fortalecer amistades y generar una impresión en la gente. Ahora que sabes cuáles son las características de una buena amistad, sabes a lo que tienes que apuntar.

Tienes que apuntar a una amistad que vaya más allá de sólo encontrarse y pasar tiempo juntos sólo porque tienen que hacerlo o porque hay una obligación de por medio. Una verdadera amistad se desarrolla cuando piensas acerca de la otra persona con preocupación, cuando conoces un poco más de su familia, cuando sabes qué los pone contentos y qué les preocupa, cuáles son sus gustos y disgustos personales, cuando eres feliz con su bienestar, etc. Esto es lo que tienes que buscar. La amistad es algo sublime, pero desarrollarla hasta que llegue a esa etapa requiere de un esfuerzo continuo.

4

¿Tienes Madera para ser Amigo?

"La única manera de hacer un amigo es serlo."
Ralph Waldo Emerson (1803-1882). Poeta y pensador
estadounidense.

Cuenta la historia que dos amigos caminaban juntos por el desierto. Durante algún punto del trayecto comenzaron a discutir, y uno de ellos le dio una bofetada al otro en la cara. Con eso se dio fin a la discusión ese día.

El que fue herido, se agachó y, sin decir nada, escribió en la arena: "Hoy mi mejor amigo me dio una bofetada en la cara."

Siguieron caminando juntos hasta que encontraron un oasis donde decidieron bañarse. Pero luego de unos minutos, el que había sido abofeteado quedó atascado en el fango y comenzó a ahogarse, pero su amigo, quien estaba cerca, extendió su mano y lo salvó. Después de recuperarse, el salvado tomó una piedra y comenzó a escribir algo sobre una roca. Al terminar se podía leer: "Hoy mi mejor amigo me salvó la vida."

El amigo que había abofeteado y salvado a su mejor amigo le preguntó: "Después de que te lastimé escribiste en la arena y ahora escribes en una piedra, ¿por qué?" El otro amigo respondió: "Cuando alguien nos lastima debemos escribirlo en la arena, donde los vientos del perdón puedan borrarlo. Pero cuando alguien hace algo bueno por nosotros debemos grabarlo en piedra, donde ningún viento jamás pueda borrarlo."

Esta pequeña historia nos enseña no a valorar las posesiones que tengamos, sino a aquellos que nos acompañan en este viaje llamado vida.

Antes de que pienses acerca de cómo puedes hacerte amigo de otras personas e influenciarlas, es importante que te mires a ti mismo primero. ¿Tienes madera para ser amigo? ¿Tienes lo que se necesita para que las personas puedan considerarte como un buen amigo?

Tienes que mejorar tus habilidades primero, así que

veamos qué es lo que se necesita.

Aunque estemos hablando acerca de cuánto bien te pueden hacer otras personas como amigos, es sumamente importante que te mires a ti mismo también. La amistad es algo que funciona hacia ambos sentidos, por eso surge la pregunta que da título a este capítulo: ¿tienes madera para ser amigo de alguien más?

Para saberlo hay algunas preguntas que necesitamos responder primero. Cuando trates de ganar amigos, recuerda que lo más importante de todo es tu propia personalidad. Que te conviertas en un imán de amigos o en alguien repelente a ellos dependerá de manera significativa de quién eres tú. Las personas te observarán, y entonces decidirán si quieren acercarse a ti o no.

También recuerda que será fácil encontrar personas con las cuales pasar el rato la primera vez. Conocer personas es la parte fácil. Pero el trabajo difícil es seguir reuniéndote con ellas. ¿Cómo conservas su amistad? Para eso necesitas tener cualidades de amistad muy desarrolladas en tu interior.

Te invito a que tomes este capítulo como un viaje de auto-descubrimiento. Antes de que salgas allí afuera y comiences a esparcir tu encanto, tienes que evaluar si tienes cualidades de amistad en ti o no.

Cuidado y Preocupación

Uno de los pilares en los cuales se basa la amistad es tu atención y preocupación por las demás personas. ¿Qué tanta atención les prestas? Si se enfrentan a alguna clase de problema, ¿estarás allí para ellos? ¿Hasta dónde serías capaz de llegar? Hay tres cosas que las personas normalmente hacen cuando sus amigos están atravesando una etapa problemática en sus vidas:

1) Intentan evitar todo el asunto y hablan acerca de cosas más alegres, sin importarles en lo absoluto cómo se debe sentir su amigo en ese momento.

2) Escuchan lo que su amigo tiene que decir y dicen unas pocas palabras de consuelo, y en ocasiones prestan algún consejo.

3) Realmente apoyan a su amigo y trabajan hombro a hombro con ellos hasta que se hayan hecho cargo de la situación problemática por completo.

No es necesario decir que la opción 3 es la mejor. Si realmente eres un gran amigo, esto es lo que debes hacer. Recuerda que la amistad no es algo superficial; está arraigado profundamente y tiene un significado muy hondo. Tienes que darte cuenta de eso primero si quieres que las personas se den cuenta por ti. Si quieres tener verdaderos amigos, debes ser un verdadero amigo tú mismo.

Nos pasa a menudo que estamos muy ocupados o

cansados como para escuchar los padecimientos de otras personas. Pero si ése es el caso el día de hoy, entonces esas personas tampoco van a tener el tiempo para escucharnos a nosotros cuando lo necesitemos. Nadie en este mundo es un intocable. El día de hoy tal vez ellos estén pasando por un período de dificultades, pero mañana te podría tocar a ti.

Algo muy importante que debes tener en cuenta es que tienes que mostrar atención genuina hacia todo lo que dices y haces cuando estás con ellos. Tienes que ser capaz de sentir su dolor. No deberías decir solamente palabras superficiales de consuelo, porque las personas pueden ver a través de ellas y entender la superficialidad de todo. Tienes que decir cosas que quieras decir, y tienes que estar ahí para ayudarlos o lo que sea que necesiten.

Es verdad que hoy en día estamos todos ocupados. En la mayoría de los casos no tenemos tiempo ni para nosotros mismos, por eso ni hablar de apartar algo de tiempo para nuestros amigos. ¿Qué podemos hacer en tal situación? Lo más fácil sería decir que estás ocupado y que no puedes ayudarlos. Pero ese será el fin de su amistad. Ese no es el modo en el que se maneja una verdadera amistad; tener esa actitud hace que todo carezca de sentido.

Incluso si estás increíblemente ocupado, o si no puedes estar allí físicamente, tu atención y preocupación deberían notarse. Podría ser a través de una simple llamada telefónica que realizas estando a kilómetros de distancia, pero esa llamada telefónica debería ser significativa, mostrar atención y preocupación verdaderas para averiguar qué puedes hacer para ayudarlos, ya sea que puedas o no. Un simple mensaje usando alguna red social o cualquier medio de comunicación puede llegar a expresar que estás pensando en tu amigo. Y si estás presente físicamente con tu amigo en sus tiempos difíciles, no deberías encontrar descanso hasta que ellos encuentren solución a su realidad.

De esto están hechas las amistades ejemplares de todo el mundo. Esto es lo que tienes que emular en ti mismo. Si demuestras que eres una persona que realmente presta atención a los demás, verás la gran cantidad de atención que tendrás a cambio. Pero al mismo tiempo tengo que decirte que no deberías estar al lado de tu amigo con propósitos egoístas. Sólo permanece a su lado. No pienses acerca de nada más. No pienses acerca de lo que vas a recibir a cambio. Incluso si la situación parece no tener salida y no hay esperanza, permanece con él o ella.

El factor de interés

¿Qué tan interesado estás en lo que sea que tu amigo intenta decirte? Cuando te hablan, ¿escuchas prestándoles completa atención, o dejas que tu mente divague, pensando en otras cosas?

A todos nos gusta que nos presten atención. Somos individuos necesitados de atención. Nos gusta cuando alguien se detiene a escuchar lo que queremos decir. Todos queremos tener nuestras pequeñas audiencias personales, todo el tiempo.

Y esto es tanto más importante en una relación entre dos amigos. De hecho, la mayoría de las veces lo único que buscamos al socializar es que una persona simplemente nos escuche. Por eso el auge de las redes sociales: queremos llamar la atención de nuestra audiencia publicando aun lo más irrelevante.

Tenemos que decir tantas cosas todo el tiempo: a veces es una opinión que tenemos acerca de algo, otras veces es alguna queja que tenemos acerca de algún problema, y otra es un inconveniente particular al que nos estamos enfrentando. Siempre necesitamos esa compañía que actúa como un cable a tierra cuando nos escuchan. Publicar en redes sociales también tiene ese efecto, sentimos que estamos descargando el enojo si lo compartimos y si alguien empatiza con nosotros, y también nos sentimos muy bien cuando compartimos las vivencias que disfrutamos.

Existe un motivo por el que siempre tienes que prestar atención a lo que te dicen las personas. La mayoría de las veces no te están diciendo algo sólo para informarte. Te están diciendo ese algo tan importante para ellos porque necesitan tu consejo sobre ello, o porque necesitan dar rienda suelta a lo que ocurre en sus mentes y quieren un par de oídos atentos que los escuchen.

Cuando se trata de amistad, tienes que ser un oyente. Pero serás un oyente mediocre si solamente oyes y no reaccionas. Los humanos somos una especie altamente expresiva, y cuando estás con alguien a quien consideras un amigo, eso se vuelve mucho más importante. Tienes que escuchar lo que te están diciendo con interés y responder de acuerdo a lo que acabas de escuchar y asimilar. Esa persona no te dirá necesariamente lo que está buscando en tu respuesta — la mayoría de las veces ni siquiera ellos sabrán qué buscar en ella—, pero aun así tienes que prestar atención a lo que estás escuchando y reaccionar de manera acorde.

Si te preocupa cómo deberías reaccionar ante cada situación, no lo hagas. Automáticamente vas a llegar a saber cómo reaccionar llegado el momento indicado. Nadie necesita un tutor para eso. Cuando una situación en particular se presente ante ti, sabrás cómo reaccionar.

Una sugerencia es que te pongas en el lugar de la persona que está hablando. Si tú estuvieras hablando sobre esas cosas, ¿cómo te gustaría que la otra persona reaccione?, ¿cuál querrías que fuera su respuesta? ¿Querrías que simplemente te diera una sugerencia, te regañe, te alabe, te aconseje o simplemente te escuche? Cuando te pones en los zapatos del otro generas una idea muy clara de lo que deberías hacer. Deja que tus reacciones se muestren de acuerdo a eso.

Otra cosa muy importante que debes recordar es que no debes distraerte. Esto puede desvalorar mucho la conversación, y tu amigo tendrá una impresión bastante mala de ti. Cuando estén hablando acerca de algo, sin importar qué tan irrelevante sea lo que estén diciendo, tienes que dirigir tu atención hacia lo que están diciendo, sin pensar en otras cosas.

Recuerdo una vez cuando con mi amigo quedamos en encontrarnos a comer algo. Fue muy frustrante para mí pues él estaba al frente, pero en realidad no estaba conmigo. Lo único que hacía además de masticar era estar constantemente revisando su celular: SMS, Facebook, Gmail, Whatsapp, llamadas y quién sabe qué más.

En el afán de querer hacer muchas cosas a la vez no hacemos lo único que podemos hacer bien en ese momento. Nunca dejes que la ansiedad por querer estar conectado con todo el mundo te aparte del privilegio de seguir edificando una verdadera amistad.

Si tienes una preocupación verdadera por tus amigos, entonces el interés aparecerá automáticamente. Todo lo que tienes que hacer es decirte a ti mismo: "Si mi amigo me está hablando de esto, entonces es algo importante para él/ella." Cuando piensas de esa manera, sabes que tienes que prestar atención. Si algo es importante para ellos, necesitas enfocarte en lo que están diciendo.

Un hábito muy molesto en algunas personas es desviarse por la tangente cuando una conversación está teniendo lugar. Alguien te está diciendo algo, y de repente hablas acerca de otra cosa. Esto es completamente agraviante para la persona que empezó a hablar anteriormente. Esta actitud demuestra que no le das ninguna importancia, y que lo tomas por una persona inconsecuente. Esto definitivamente no se hace. Si quieres ganar amigos e influenciar personas, es de suma importancia que escuches lo que están diciendo y luego des tu opinión. No deberías distraerte de lo que están diciendo, lo que podría equivaler a insultar su inteligencia y su misma presencia en tu vida.

Reacciona

Una de las características vitales que demuestran el tipo de amigo que eres es tu reacción a lo que dicen o hacen otras personas. O dicho de otra manera, de cómo reaccionas ante ello. ¿Cuál es tu reacción cuando te dicen algo? ¿Cuál es tu reacción cuando hacen algo por ti, o simplemente algo en general? ¿Reaccionas de manera adecuada?

Nacemos con un talento natural para ser expresivos. No podemos esconder nuestras emociones en circunstancias normales. Pero algunas personas intentan reprimir sus emociones y es ahí cuando comienzan los problemas. Por eso, cuando estés con alguien con quien quieras contar como un amigo, debes asegurarte de mostrar las emociones y expresiones correctas. Tu sensibilidad tiene que transmitirse. No des a la amistad por sentada; la otra persona debería saber qué piensas.

¿Y esto por qué es importante? Lo es porque si quieres que alguien sea tu amigo, entonces es esencial que sepan qué tipo de persona eres. Tienes que hacerlo evidente mediante la expresión adecuada.

Cuando te dicen algo, escúchalos. Y reacciona de manera acorde. Te podrían estar hablando de algo muy trivial, como lo que les ocurrió cuando estaban yendo a tu encuentro, pero incluso eso te informa acerca de qué tipo de persona son. Aprendes a saber sobre lo que puede atraer su interés y atención. Podría ser que no te digan algo como para que demuestres o seas expresivo en ese momento, pero deberías al menos saber lo que te están diciendo. No estoy diciendo que cuando te cuenten una historia tú también tienes que contar una historia. Eso no es lo que se espera, sino el demostrar que has escuchado su historia.

Aun si se produjera un conflicto que finalmente no se resuelva después de una plática, el proceso de escuchar al otro puede tener un profundo impacto en cada una de las partes. Jonathon Chace, director asociado del Servicio de Relaciones con la Comunidad de Estados Unidos, recuerda un conflicto relacionado con la comunidad de ese entonces y que llevaba más de 30 años de idas y venidas cuando él era un mediador en la oficina de la agencia. Se trataba de la construcción de una carretera que dividiría físicamente una comunidad en torno a un proyecto de vivienda pública. Después de semanas de actividad de protesta, las partes acordaron la mediación. Al final, los funcionarios públicos prevalecieron y la comunidad agraviada consiguió un poco de alivio para su situación. Cuando terminó la sesión final, el líder de la organización comunitaria se acercó respetuosamente, estrechó la mano del mediador y le dio las gracias por ser "diferente a los demás."

"¿Por qué dices que fui diferente?", preguntó Chace. "Tú escuchaste", fue la respuesta, "tú fuiste el único que se preocupaba por lo que decíamos."

William Simkin, ex director del Servicio de Mediación y Conciliación Federal y uno de los primeros que documentó el proceso de mediación, señaló que "el entendimiento tiene una utilidad limitada a menos que el mediador pueda transmitir de alguna manera a las partes el hecho de que [el mediador] conoce la esencia del problema. En ese momento, y sólo entonces, puede esperar que se le otorgue confianza y respeto."

Simkin estaba escribiendo acerca de ir más allá de la necesidad de entender y proyectar una comprensión de los hechos. El entendimiento no se limita a simplemente saber lo que sucede. Con bastante frecuencia el trasfondo emocional de un problema y las personalidades involucradas pueden ser más importantes que los hechos en sí. Por eso siempre se sugiere que en una conversación las partes apliquen "la comprensión simpática", que en realidad es el escuchar con empatía.

Ahora bien, antes de seguir adelante, me gustaría hacer un alto aquí para ver lo siguiente:

Cómo escuchar con empatía

La empatía es la capacidad de proyectarse en la personalidad de otra persona con el fin de entender mejor sus emociones y sentimientos. Al escuchar empáticamente a la otra persona, sin decir nada le estarás comunicando lo siguiente: "Entiendo tu problema y cómo te sientes al respecto, estoy interesado en lo que estás diciendo y no te estoy juzgando." El oyente transmite inequívocamente este mensaje a través de palabras y comportamientos no verbales, incluyendo el lenguaje corporal. Al hacerlo, el oyente alienta al otro a que se exprese plenamente sin interrupción.

La escucha empática es una habilidad básica que fortalecerá la eficacia interpersonal de los individuos en muchos aspectos de sus vidas profesionales y personales. Para escuchar de esta manera son muy útiles las siguientes herramientas:

- voluntad de dejar que la otra persona domine la conversación,
- atención a lo que se está diciendo,
- cuidado de no interrumpir,
- uso de preguntas abiertas,
- sensibilidad a las emociones que se expresan, y
- capacidad de resumir y compartir de nuevo la sustancia de los sentimientos expresados a la otra persona.

Madelyn Burley-Allen, ex-presidente de la American Listening Association, en su libro "Listening the Forgotten Skill", (Escuchar: la habilidad olvidada, John Wiley & sons, 1982), menciona que "Cuando uno escucha bien:

1. Reconoce a la otra persona
2. aumenta la autoestima y la confianza del otro
3. Con sus gestos le está diciendo: "Tú eres importante" y "No te estoy juzgando"
4. Gana la cooperación del que está hablando,

5. Reduce el estrés y la tensión,
6. Construye el trabajo en equipo,
7. Se gana su confianza,
8. Provoca apertura,
9. Gana un intercambio de ideas y pensamientos, y
10. Obtiene más información válida acerca de la persona y su situación

Para obtener estos resultados, la autora dice que un oyente experto: "Toma información de otros, sin prejuicios y empáticamente, lo reconoce de una manera que invita a la comunicación para continuar, y proporciona una respuesta limitada, pero alentadora, llevando la idea del que está hablando un paso adelante."

Cuando eres amigo de alguna persona, en algún momento tendrás que prestar atención con todos tus sentidos y saber que los pequeños detalles también van a surgir. Cuando te den un regalo, por ejemplo, asegúrate de que demuestras tu agradecimiento. No tienes que darlo por sentado y pensar que como son tus amigos deberían darte un regalo. No funciona de esa manera. Tal vez invirtieron bastante tiempo pensando en qué comprar y posteriormente haciendo las compras propiamente dichas. También gastaron dinero. Entonces, tienes que apreciar todo su esfuerzo.

Deséales suerte en sus días importantes (aniversarios, cumpleaños, etc.). Tampoco hay que pasarlo por alto.

Es un día importante para ellos, un día único, y necesitan personas que también lo consideren como especial. Al menos esperan que sus amigos hagan de este un día especial para ellos.

Muéstrate como eres

Cuando te conviertes en amigo de alguien es como un compromiso. Entre otras cosas, es un compromiso de llegar a conocerlos mejor. Quieres saber cosas acerca de ellos, porque sabes que cuando llegues a saber más acerca de ellos, puedes volverte un mejor amigo. Entonces, ¿qué tal sería darles la misma oportunidad a ellos?

Una de las cosas esenciales acerca de ser amigo con alguien, es que tienes que compartir cosas con ellos. Tal y como quieres que ellos te hablen acerca de sí mismos, tú tienes que contarles cosas también. Incluso si normalmente eres una persona reservada, no es una buena idea seguir siéndolo una vez que has tenido en cuenta a alguien como tu amigo.

A un verdadero amigo le gustaría escucharte, ya sea que estés contándoles algo bueno o algo que no sea tan agradable de escuchar. Ellos quieren escucharte de todas maneras, y como consecuencia, mostrarán interés en ello. Querrán conocerte mejor. Al mismo tiempo, esto también es un desafío para ti, para decidir si una persona es un amigo verdadero o no. Si alguien está dispuesto a escuchar lo que estás diciendo, y a la vez te proporciona soluciones y opiniones, es bien intencionado. Debes nutrir tu amistad con ellos a toda costa.

El propósito fundamental de tener amigos es que puedas tener a alguien con quien compartir tus vivencias, pensamientos y opiniones. De esta manera, hablando acerca del tema con otras personas, estás alivianando tu carga.

Pero el hablar con los demás, ¿te convierte en un buen amigo también? Sí, lo hace. Una persona que guarda secretos a sus amigos, que no revela información acerca de cómo es en otros aspectos de su vida, es en efecto un amigo muy engañoso. ¿Cómo puedes confiar en alguien que no te cuenta lo que hace cuando no está contigo? Esto se aplica a ti mismo también. Tus amigos tienen el derecho a saber qué sucede en las demás áreas de tu vida. Necesitas informarles acerca de estas cosas también.

No te estoy diciendo que deberías ir y contarles tus secretos más íntimos. Tienes derecho a mantener un espacio privado, y puedes conservarlo. No necesitas informarles acerca de todos los detalles, porque eso sería demasiado aburrido.

Pero podrías contarles acerca de las cosas

fundamentales. Podrías contarles quiénes integran tu familia, qué haces cuando no estás con ellos, acerca de tus hobbies, acerca de tus relaciones, si no eres muy reservado respecto al asunto, y así sucesivamente.

Estas son cosas generales, pero forman parte de quién eres. Si estás buscando hacer algunos buenos amigos, entonces deberías ser capaz de contarles a las personas acerca de estas cosas. Lentamente, a medida que tu amistad vaya mejorando, encontrarás que estás más a gusto al contarles cosas de tu vida personal. Lentamente, tus amigos también se convertirán en una parte de tu vida personal. De hecho, comenzarás a contarles cosas por cuenta propia, y notarás que se vuelve más fácil cuando lo haces de esa manera.

Principalmente, lo que debes recordar sobre esto es que así como tú quieres saber acerca de tus amigos, ellos también quieren saber sobre ti. Pero tampoco necesitas averiguar todos los detalles. Lo que significa que tampoco deberías contarles todos tus detalles más íntimos. Sin embargo, deberías contarles acerca de las cosas importantes, las cosas que les comunican qué tipo de persona eres. Ellos deberían imaginarte haciendo otras cosas, cosas que haces cuando no estás en su compañía. Así es como las amistades se mantienen vivas y funcionando.

Relajado y casual

Este es otro rasgo importante de la amistad que deberías tener muy en cuenta. ¿Eres una persona relajada y divertida, o te preocupas por incluso las cosas más pequeñas de la vida? Por supuesto, si eres divertido, de mente distraída, le vas a agradar más a las personas, pues les va a gustar tu compañía. Te conviertes en un imán de amigos. Incluso los amigos de tus amigos que se encuentran contigo brevemente gustarán de estar contigo. De pronto te encuentras con muchas más invitaciones a eventos, y de personas que apenas conoces. Las personas quieren estar contigo porque eres un aficionado a la diversión. Entonces, ¿quién se queja? Si lo que la gente requiere es esta actitud de aficionado a la diversión, entonces ¿por qué no dárselas?

Había una vez un niño que tenía un muy mal carácter. Luego de mucho pensar, su padre le dio una bolsa de clavos y le dijo que cada vez que perdiera los estribos, debía clavar un clavo en la parte de atrás de la cerca.

El primer día el muchacho clavó 37 clavos en la cerca. Durante las próximas semanas, el niño fue aprendiendo a controlar sus ataques de ira, por lo que el número de clavos martillados diariamente fue disminuyendo con el tiempo. El niño descubrió que era más fácil controlar su temperamento que ponerse a clavar esos clavos en la cerca.

Finalmente llegó el día cuando el niño no perdió los estribos en absoluto. Muy contento se acercó a su padre y se lo dijo. El padre le respondió diciendo que ahora quería que él sacara un clavo por cada día que fuera capaz de mantener la calma. Los días pasaron y el niño pudo finalmente decirle a su padre que todos los clavos ya habían desaparecido.

Con mucha paciencia y amor el padre llevó a su hijo de la mano y lo paró enfrente de la cerca, diciéndole: "Has hecho muy bien, hijo mío, pero mira los agujeros en la valla. La cerca nunca será la misma. Cuando tú dice cosas agraviantes en medio de tus ataques de ira, dejan una cicatriz como ésta. No importa cuántas veces digas que lo sientes. La herida todavía está allí."

Muchas personas repelen a todos los que conocen sin darse cuenta. Estas son las personas que constantemente se están quejando de las cosas. Son infelices respecto a muchas cosas en la vida. No saben cómo manejar las situaciones cotidianas, y se frustran cuando éstas se salen de control. Esta realidad se les hace muy difícil, y cuando salen al mundo exterior le empiezan a contar a todas las personas con las que se encuentran acerca de todos sus problemas. Ventilan toda su depresión interna hacia otras personas. Sus amigos son los que cargan con el mayor peso, ya que tienen que escuchar a estas personas lamentarse constantemente, pues son personas que simplemente se sientan a quejarse más que ponerse a analizar la situación.

Este tipo de personas no tiene cuidado con lo que dice y sin pensarlo hieren a otros con sus comentarios negativos e indirectas suspicaces, dejando heridas semejantes a los huecos que dejó el niño en la valla, como vimos anteriormente.

Estas personas son las de peor clase a la hora de hacer amigos e influenciar personas. La gente normalmente las evita. Cuando las ven acercándose, corren un par de kilómetros en dirección contraria. Desde luego, tú no quieres ser tal persona.

Esa es la razón por la que necesitas ser siempre alegre, optimista y una gran persona para los amigos. Necesitas tener sentido del humor. Necesitas ser capaz de alegrar a las personas con tu sola presencia. Esto en realidad no es difícil de conseguir. Si eres una persona que siempre piensa de manera positiva y estás seguro de ti mismo, entonces deberías ser capaz de hacer que las personas sean como tú sin hacer prácticamente nada.

Todos buscan una zona de comodidad en la vida. Todos buscan esas pocas palabras de consejo amistoso, quieren consuelo, quieren elogios por las cosas que han hecho. A todos los seres humanos nos gusta escuchar tales cosas. Si te conviertes en esa persona… el portador de buenas noticias… entonces a la gente le va a gustar mucho estar contigo. Esto sólo puede ocurrir cuando eres feliz internamente.

Los inconvenientes sucederán en la vida. Incluso si eres inmensamente feliz el día de hoy, no deberíamos dejar de pensar que pueden ocurrir cosas que pongan tu vida en un estado de desorden en algún momento. Van a ocurrir cosas que te desorientarán, te deprimirán y te derrotarán. Pero incluso durante esos períodos, deberías salirte de ese estado mental tan pronto como te sea posible. Nada es demasiado grande como para estropear el estado interno de una persona fuerte. Sin importar qué tan difícil se vea la situación, muy dentro tuyo sabes que puedes superarla. Entonces hazlo. Y hazlo rápido.

Scott Hamilton dijo una vez: "La adversidad y la perseverancia pueden diseñar tu vida. Ellas dan un valor y autoestima que no tiene precio."

Durante las etapas agradables de la vida a las personas les gusta estar contigo. En los períodos difíciles, a las personas les gusta juzgarte. Cuando estás atravesando un período difícil, hay muchas personas juzgándote. Lo que realmente deja una impresión en las personas es cómo te enfrentas a tales situaciones. ¿Te atemorizas y dejas todo a la deriva? ¿Te enfrentas al problema y le das batalla? ¿Estás determinado a no dejar que las cosas te afecten? ¿Todavía mantienes tu sentido del humor en su punto más alto a pesar de lo que estás viviendo?

Estas son las cosas que la gente evalúa en ti. Te están juzgando permanentemente. Si te libras de estas situaciones agradablemente, entonces te conviertes en un modelo a seguir para las personas. Querrán imitarte. Querrán estar contigo. Podrás ganar amigos e influenciar a las personas tan fácilmente como decir ABC.

En conclusión, necesitas mantener una buena y correcta actitud a través de todas las etapas de la vida. Incluso cuando la situación sea dura, tienes que saber que vas a superarla pronto. Tienes que influenciar a las personas. No puedes permitir que las situaciones por las que estés pasando te desestabilicen. Apártate un tiempo si es necesario para llorar y meditar, pero luego sigue adelante y procura siempre mantener una sonrisa alegre en tu rostro. Una personalidad atractiva es lo que atrae a las personas hacia ti como la miel atrae a las abejas. ¡Hazlo y verás!

Caritativo por naturaleza

Me impactó esta historia real de un estudiante universitario, quien se animó a escribir lo siguiente: "Fue durante nuestro tiempo de exámenes semestrales. Recuerdo que ese día todos estábamos muy ocupados estudiando para el próximo examen de sistemas de instrumentación que iba a tomar lugar en la mañana. Luego de otra noche de trabajoso estudio nos fuimos a descansar a nuestras habitaciones.

A la mañana siguiente fui al baño a tomar una ducha. Todo bien hasta que salí y accidentalmente me resbalé, cayendo al suelo sin poder detener la caída. Me quedé inconsciente al instante. Unos minutos más tarde recobré el conocimiento y me enteré de que me había roto la nariz, los dientes y que también estaba sangrando profusamente.

Todos mis amigos se reunieron alrededor de mí, muy dubitativos sobre qué hacer, puesto que el examen para el cual tanto nos habíamos preparado comenzaría en 30 minutos. Pero alguien tenía que llevarme a un hospital, y quienquiera que fuera se perdería la oportunidad de rendir ese examen, lo cual impactaría negativamente en el avance de su carrera universitaria. Los atrasos de esa naturaleza tienen un impacto muy grande en las notas académicas, la educación superior y otras cosas relacionadas.

Todos mis amigos estaban bastante indecisos y no sabían qué hacer. Pero de pronto un amigo mío se acercó y me dijo: "Esto (el examen) es secundario. Tu salud es mucho más importante", y comenzó a trasladarme a su vehículo para llevarme al hospital.

Ese amigo colocó mi salud y mi bienestar antes que todo lo demás. Estaba dispuesto a sufrir ese golpe en su carrera académica solo por mí. Recuerdo que estaba muy conmovido y emocionado por su gesto incondicional.

Sé que la única manera de poder devolver su gesto es tratando de ser un mejor amigo para él. De todas maneras, y luego del incidente, los dos nos las arreglamos para tomar ese examen a pesar de mi condición y ambos lo aprobamos sin sufrir ningún retraso en nuestra carrera universitaria."

A la hora de determinar qué tipo de amigo eres, un factor muy importante es el tipo de ayuda que proporcionas a las personas que conoces. ¿Eres bondadoso por naturaleza? ¿Cuál es generalmente tu actitud cuando alguien te pide ayuda?

Un poco de ayuda sirve de mucho. Puede no ser ayuda material todo el tiempo; incluso si eres capaz de hacer sentir bien a las personas hablando y aconsejando, puede significar mucho para ellos. Se sentirán mejor por ello, y seguramente muchas personas de tu entorno sabrán acerca del apoyo que has sido para tu amigo. Ninguna clase de ayuda puede permanecer oculta. Los benefactores y beneficiarios podrán no hablar acerca de ellos, pero siempre hay maneras en las cuales tales cosas llegan al conocimiento público.

Eso no significa que tienes que volverte egoísta y únicamente ayudar a tus amigos por el hecho de que las personas van a hablar reverentemente acerca de ti. No deberías pensar de esa manera. Tu punto de vista debería ser el de un buen amigo, que ayuda a otros en tiempos de necesidad, y listo.

Cuando atraviesas tus períodos de pruebas y tribulaciones, desde luego quieres que otras personas te ayuden. Incluso si no pueden ayudarte del modo que esperas, quieres que estén allí al menos para mostrarte su atención y preocupación por ti. Pero si ellos no actúan como esperabas, entonces no dudas ni un momento en desarrollar una mala impresión acerca de ellos. Sin embargo, lo mismo se aplica a ti también. Cuando un amigo tuyo esté pasando por dificultades, si no lo ayudas, naturalmente va a tener una mala opinión de ti también.

Así no es como funciona una buena amistad

Deberías intentar ganar amigos e influenciar personas constantemente, día a día. La manera en la que te relacionas con los amigos que ya tienes es definitivamente una indicación de qué tan bien puedes hacerlo, porque le dice a las demás personas qué tipo de persona eres. Si has ayudado a alguien en sus tiempos difíciles, entonces a todo el mundo le vas a agradar por ello, sin excepción. Cuando te acerques a ellos buscando amistad, hay posibilidad de que ya sepan acerca de ti y quieran ser tus amigos. Lo mejor de esto es que ya has creado una impresión favorable acerca de ti de antemano.

No necesitas ser la persona más rica en el mundo para poder ayudar a los demás. A veces sólo el estar con alguien ayuda. A veces unas simples palabras de consuelo son necesarias. Lo más importante es el tipo de sentimiento que tienes en mente. ¿Qué piensas acerca de tus amigos? ¿Qué puedes hacer por ellos? ¿Tienes la voluntad para ayudarlos en sus períodos de dificultad?

Éstas son las cosas que realmente importan. La gente te ve todo el tiempo. Están intentando entender qué tipo de persona eres. Si eres amable con los demás y si estás con ellos cuando te necesitan, entonces vas a dejar una impresión notable en ellos. Van a disfrutar de tu compañía, y de hecho podrías ser un ejemplo a seguir para los demás.

5

Por qué necesitas amigos

"El que prescinde de un amigo es como el que prescinde de su vida."
Sófocles (495AC-406AC) Poeta trágico griego.

Hay personas que van por la vida preguntándose si de verdad necesitan a todos los amigos que ya tienen. Normalmente estas son personas que tienen muchos amigos, y sienten que necesitan soledad de vez en cuando. O son introvertidos: personas que no se juntan demasiado con otras personas. Pero, ¿es realmente una buena idea no tener tantos amigos? Después de todo, ¿Para qué necesitamos tantos amigos?

Por qué necesitas amigos

Ya que este libro trata acerca de cómo puedes hacer amigos e influenciar personas, es una buena idea contestar esta pregunta: ¿por qué uno necesita amigos? ¿Por qué deberíamos esforzarnos para hacer amigos y posteriormente seguir esforzándonos por mantener esas amistades? Hay personas que lo ven desde un punto de vista de negocios. Si invierten en hacer y mantener amigos a su lado, ¿qué obtienen como beneficio a fin de cuentas? ¿Son los dividendos proporcionales a la "inversión"?

Simplemente veamos brevemente las maneras en las cuales los amigos pueden llegar a ser muy útiles.

Los amigos son nuestro apoyo y anclaje emocional

Mira lo que escribió un estudiante: "Un día, cuando yo era un estudiante de primer año en la escuela secundaria, vi a un chico de mi clase caminando hacia su casa desde la escuela. Su nombre era Kyle. Parecía que llevaba todos sus libros, por lo que pensé: "¿Por qué alguien traería a casa todos sus libros un viernes? Debe ser el típico nerd."

Recuerdo que ese fin de semana tenía una fiesta y varios partidos de fútbol previstos con mis amigos por la mañana y por la tarde, así que me encogí de hombros y seguí andando. Mientras caminaba, vi a un montón de niños corriendo en su dirección. Llegaron hasta él, le arrebataron sus libros tirándolos por la acera, y lo empujaron, de modo que el niño aterrizó en tierra. Sus gafas salieron volando, y cayeron en la hierba, como a diez pies de él.

El niño alzó la vista y vi esa terrible tristeza en sus ojos. Mi corazón dio un vuelco, así que corrí hacia él y mientras se arrastraba en busca de sus gafas, vi una lágrima en sus ojos. Se los alcancé y le dije: "Esos tipos son unos idiotas. Realmente deberían dedicarse a vivir la vida."

Él me miró y me dijo: "Oye, gracias!" Hubo una gran sonrisa en su rostro. Era una de esas sonrisas que mostraban verdadera gratitud. Le ayudé a recoger sus libros, y le pregunté dónde vivía. Al final resultó que vivía cerca de mi casa, así que le pregunté por qué nunca lo había visto antes. Dijo que había ido a una escuela privada, y al instante pensé que yo nunca me habría juntado con alguien que fuera a una escuela privada. Hablamos todo el camino a casa, y le ayudé a cargar con todos sus libros.

Resultó ser un niño muy bueno. Le pregunté si quería jugar al fútbol el sábado conmigo y mis amigos. Dijo que sí. Platicamos ese fin de semana y llegué a conocer mucho más a Kyle, y a mis amigos les cayó muy bien.

Llegó el lunes por la mañana, y ya se lo podía ver a Kyle de nuevo con la enorme pila de libros. Lo detuve y le dije: "Chico, ¡vas a sacar buenos músculos cargando este montón de libros todos los días!"

Él sólo se rió y me dio la mitad de los libros. Durante los próximos cuatro años, Kyle y yo nos convertimos en mejores amigos. Al llegar al final de los estudios secundarios, comenzamos a pensar en la universidad. Kyle decidió ir a Georgetown, y yo decidí asistir a Duke.

Yo sabía que íbamos a ser siempre amigos, que las millas de separación no serían un problema. Kyle iba a ser un médico, y yo iba a estudiar negocios con una beca de fútbol. Kyle era el mejor estudiante de nuestra clase, por lo que le tocó preparar un discurso para la graduación. Por mi parte estaba contento de que no era yo el que tenía que subir a hablar delante de tantas personas.

El día de la graduación vi a Kyle y se veía bien. Era uno de esos tipos a los que la escuela secundaria les ayudó para bien. Creció y se desarrolló, se veía muy bien con sus gafas. Tenía más citas que yo y todas las chicas lo amaban. A veces me ponía celoso.

Pude ver que él estaba un poco nervioso por su discurso. Así que le di una palmada en la espalda y le dije: "Oye, chico grande, podrás hacerlo, ¡y te irá muy bien!" Él me miró con una de esas miradas (realmente de agradecimiento), y sonrió. "Gracias", dijo.

Cuando empezó su discurso, se aclaró la garganta y comenzó: "La graduación es un momento para agradecer a todos aquellos que nos ayudaron a lograrlo a través de estos años difíciles. Tus padres, tus maestros, tus hermanos, tal vez un entrenador... pero principalmente a tus amigos. Yo estoy aquí para decirles a todos ustedes que ser amigo de alguien es el mejor regalo que tú le puedes dar a otra persona. Voy a contarles una historia."

Yo miraba a mi amigo con incredulidad mientras contaba la historia del primer día que nos conocimos. Había planeado suicidarse durante ese fin de semana. Habló de cómo limpió su armario para que su mamá no tuviera que hacerlo más adelante. Él me miró fijamente y me regaló una pequeña sonrisa.

"Gracias a Dios, me salvaron. Mi amigo me salvó de hacer algo irremediable." Oí el sollozo entre la multitud al oír cómo este joven apuesto y ahora popular nos contaba todo sobre su momento más débil. Vi a sus dos padres mirándome y sonriendo con ese mismo gesto de gratitud.

Nunca subestimes el poder de tus acciones. Con un pequeño gesto puedes cambiar la vida de una persona. Para bien o para mal. Dios nos pone a todos en la vida del otro para impactarlo de alguna manera. Busca a Dios en los demás.

Los amigos son ángeles que nos levantan sobre nuestros pies cuando nuestras alas tienen problemas para recordar cómo volar."

Siempre recuerda que tu sola acción puede motivar o realmente cambiar la vida de una persona. Y los amigos son la parte más importante de tu vida. Un amigo tiene un gran impacto en nuestra vida. Muchas veces me he encontrado deprimido y solitario, sin embargo, un mensaje de un amigo en WhatsApp o Facebook me hace olvidar al instante de mi depresión y ya estoy contento y alegre de nuevo.

Una de las razones más importantes por las que queremos tener amigos es porque nos apoyan emocionalmente. Fuera de nuestra familia, ¿a quién acudimos si queremos desahogar nuestro enojo acerca de algún tema? ¿Con quién nos gusta compartir nuestros secretos? Con nuestros amigos. Si tienes amigos, te darás cuenta de lo importante que son en tu vida.

Nuestros amigos saben lo que queremos; especialmente aquellos que nos conocen de hace mucho tiempo, sabrán exactamente qué tipo de reacciones tendremos frente a situaciones en particular. Es por esto que pueden hacernos sentir mejor cuando estamos desanimados y festejar con nosotros cuando estamos felices. Saben qué puede alegrarnos cuando estamos deprimidos y también saben qué es lo que nos entristece.

Necesitamos esa clase de apoyo. No podemos vivir una vida en soledad. Entenderás esto si has tenido que vivir solo en algún lugar nuevo. O si alguna vez te has mudado, vas a haber sentido lo que estoy diciendo. Sin importar el hecho de que hay varias personas en cualquier lugar al que vayamos, tener un amigo puede hacer las cosas mucho más fáciles.

Otros de los grandes beneficios de estar conectado con gente nueva muy a menudo es que podemos recibir ayuda cuando la necesitamos y nos sentimos más seguros.

Los amigos son nuestra compañía

Somos seres sociales y por ese motivo necesitamos estar con personas todo el tiempo. Sin embargo, los desconocidos no serán de utilidad. Eventualmente intentaremos hacernos amigos de desconocidos también —y este es el propósito de este libro— pero la verdad es que si ya tenemos algún amigo que nos puede ayudar, puede hacer la diferencia.

Necesitamos amigos que estén con nosotros en todo momento. Incluso si es algo pequeño, como acompañarnos a ver una película, queremos a nuestros amigos. Si te sientes sólo, ¿qué haces? Simplemente llamas a un amigo y sales con él. Hemos sido creados así. Nos sentimos bien con las personas que ya nos conocen. Esto se conecta con algo que mencioné anteriormente… formamos costumbres en las personas. Cuando estamos con nuestros amigos, aquellos que nos conocen desde hace mucho tiempo, seguramente hemos inculcado costumbres en ellos. Ellos también han inculcado sus hábitos en nosotros. Es por este motivo que nos gusta estar junto a ellos. Nos sentimos bien y cómodos cuando estamos con nuestros amigos.

Los amigos nos dan valor

Una gran parte de nuestro valor para enfrentar la vida proviene de los amigos que tenemos, ya que nos conocen muy bien y debido a ello saben cómo alentarnos. Los amigos verdaderos permanecerán siendo amigos sin importar qué hagamos. Nos darán su apoyo y nos ayudarán en lo que necesitemos.

Pero por sobre todas las cosas, por el mero hecho de estar ahí con nosotros, nos infundirán ánimo. Nos sentiremos motivados para continuar. Cuando estamos solos se nos hace muy difícil lograr cosas, pero con alguien leal que nos apoye, las situaciones cambian. Seremos capaces de elevar nuestro potencial y alcanzar alturas mucho más grandes de gloria, sólo porque alguien estaba junto a nosotros.

La mayoría de las personas que se han vuelto exitosas en su vida lo han hecho porque tenían personas que los apoyaban en sus esfuerzos o influenciaron lo suficiente como para que los apoyaran a lograr sus metas. En realidad, estas personas o bien ya tenían buenos amigos o los hicieron en el camino. De cualquiera manera, lo esencial era que necesitaban tener amigos. Entendían la importancia de tener amigos y permanecer junto a ellos en el proceso. Y sus amigos demostraron ser una gran contribución a su éxito.

Los amigos nos ayudan a descubrirnos a nosotros mismos

Fuera de nuestra familia, los amigos son las únicas personas con las cuales nos podemos abrir. No es difícil compartir nuestros pensamientos más profundos con ellos, pues les decimos qué nos molesta y también lo que nos hace feliz. Les podemos contar si hay algo que no ha resultado como esperábamos, como así también de nuestras alegrías y frustraciones.

Es cuando compartimos tantas cosas acerca de nosotros que verdaderamente empezamos a descubrirnos a nosotros mismos. Cuando les estamos abriendo el corazón a nuestros amigos

inconscientemente estas cosas también están actuando sobre nuestra mente, porque estamos reforzando nuestros gustos y aversiones, lo que hemos aprendido, las emociones que experimentamos, etc. Nos estamos diciendo a nosotros mismos cómo somos.
Simplemente mediante el intercambio de nuestros pensamientos con nuestros amigos llegamos a conocernos a nosotros mismos de una manera mucho más profunda.

Esta es la forma en que los amigos pueden ayudarnos a redescubrirnos a nosotros mismos. Esto nos da un poderoso sentido de auto expectativa y auto suficiencia. Descubrimos a lo que podemos llegar y apostamos a nuestras fortalezas. Es por eso que podemos avanzar mucho en nuestras propias vidas sólo con estar e intercambiar ideas con nuestros amigos.

Estas son sólo unas de las pocas y más importantes razones por las cuales necesitamos amigos. A partir de la experiencia, todos llegarán a sus propias conclusiones por los cuales deberían tener amigos. Tenemos distintas razones para necesitar amigos en distintas etapas de nuestras vidas. Cuando somos niños sólo necesitamos a alguien con quien jugar o estudiar. Cuando estamos en la universidad necesitamos a alguien con quien pasar el rato. Cuando envejecemos necesitamos personas por un variado número de motivos. Es así que nuestras expectativas para con nuestros amigos cambian a medida que crecemos.

Pero una cosa permanece inmutable: Necesitamos amigos en todas las etapas de nuestra vida. No podemos vivir sin ellos. Y mientras más amigos tengamos, más felices seremos. Ahí reside todo el sentido de ganar amigos e influenciar personas.

6

Cómo generar buenas impresiones

en las personas

"Un buen amigo es aquel para el cual nuestra vida no tiene
secretos y a pesar de todo nos aprecia."
León Daudí (1905-1985) Escritor español.

Cuando mantienes el objetivo de ganar amigos, y
cuando conoces a alguien, lo más importante es generar
las impresiones adecuadas.

Si podemos caerle bien a la gente que conocemos, ellos
se sentirán cómodos de forma natural alrededor
nuestro. Esto producirá que nos brinden su atención y
estén atentos a lo que tengamos que decir. La habilidad

de caerle bien a la gente tiene mucho que ver con cómo lucimos exteriormente, pero también mucho con cómo hacemos sentir a los demás.

Captamos la atención de la otra persona cuando le caemos bien, pero mantenemos su enfoque en nosotros siempre y cuando logremos algún grado de conexión. Si tienes en cuenta que el período de atención de una persona promedio es de tan sólo de 30 segundos, la conexión debe establecerse en menos de 90 segundos, y su resultado dependerá en gran medida de tu aspecto (cómo te ves y cómo te mueves), tu actitud (lo que dices, cómo lo dices y qué tan interesantes son las cosas que dices) y finalmente, cómo haces sentir a la gente.

Si eres deficiente en alguno de estos aspectos, ganar amigos se convertirá en una tarea agobiante que te demandará mucho esfuerzo.

La importancia de generar impresiones

¿Por qué es importante generar una impresión positiva en las personas? Una parte significativa de la respuesta, y como lo vimos anteriormente, sería que es debido a que no somos individuos solitarios. Pasamos la mayor parte de nuestro tiempo viviendo con otras personas e interactuando con ellas, y como pasamos la mayoría de nuestro tiempo con los demás, las personas son importantes en cada una de nuestras vidas.

Por esta razón es importante el hecho de crear una impresión adecuada en ellos. Las personas actuarán y reaccionarán cuando nos vean de acuerdo a la percepción que ellos tengan de nosotros. Pronto generarán una imagen de nosotros y reaccionarán de acuerdo a ella. Lo que obtengamos de las personas dependerá de la impresión que hayamos creado en ellos.

Existen numerosos estudios que han demostrado que a la hora del primer contacto con otra persona tenemos noventa segundos o menos para generar una impresión favorable. Lo que suceda en esos noventa segundos puede determinar si vamos a tener éxito o no en establecer una conexión con la otra persona.

Por ejemplo, si damos la impresión de que somos educados y de lenguaje correcto, entonces muchas personas se comportarán ante nosotros de la misma manera. Estas personas podrían actuar de manera distinta frente a los demás, pero con nosotros actuarán de acuerdo a la imagen que ellos mismos han generado de nosotros. Incluso una misma persona reaccionará de diferente manera ante su jefe en comparación a cómo actuaría frente al mecánico de su automóvil. ¿Por qué sucede de esta manera? Este tipo de reacción está basada en la impresión que han generado estas dos personalidades.

Muchas veces me ha pasado acercarme a grupos en los

cuales ya estaban hablando de algún tema utilizando un lenguaje grosero y vulgar, el cual se vio muy disminuido con mi llegada. ¿Por qué se da esto? Porque en este caso las personas del grupo, conociéndome, saben que no uso groserías en mi lenguaje cotidiano. De esta manera refrenan su lenguaje vulgar, por la impresión que yo he causado en ellos anteriormente.

Al mismo tiempo, deberíamos reconocer el hecho de que la manera en la que las personas actúan con nosotros es un factor decisivo muy importante a la hora de determinar cómo conducimos nuestras vidas en sí mismas. Nuestras acciones en la vida son el resultado de las reacciones que recibimos.

En realidad es un círculo vicioso. Las personas reaccionan hacia nosotros de acuerdo a la imagen que tienen de nuestra personalidad. Y entonces, con esa reacción recibida, somos moldeados de acuerdo a la reacción que recibimos de las personas.

La impresión que generamos influye en la manera en la que las personas reaccionan hacia nosotros, y entonces esas reacciones moldean nuestra personalidad. Sin embargo, aunque esto es un círculo, puedes tomar el control sobre él. Puedes hacer algo que puede mejorar tu situación en gran medida.

Lo única cosa que puedes hacer es intentar mejorar tu personalidad. Mejora las impresiones que generas en las personas. Intenta dejar una huella positiva en cada persona con la que te encuentres. Esto cambiará automáticamente la percepción que las personas tienen de ti. Querrán encontrarse contigo y reaccionarán de una manera completamente distinta. Si tu personalidad cambia para mejor, entonces las reacciones que recibirás serán totalmente positivas también.

Sólo fíjate en la impresión que puedes causar cuando al pagar la cuenta en algún restaurante, miras al mozo a los ojos y le agradeces de corazón el servicio prestado, utilizando palabras que le den valor y confianza como persona, reafirmando su buena labor en el trabajo que desempeña. Esa simple y sencilla actitud te abrirá puertas a nuevas oportunidades no solo de hacer amigos, sino de influir positivamente en la vida de otras personas.

De aquí en adelante veremos qué tipo de personalidad deberías desarrollar. El resultado final es ganarte a las personas como amigos y entonces crear una impresión sorprendente y duradera en ellos. O más bien, crear una impresión extraordinaria en ellos y entonces ganar su amistad, porque ésa es la manera más lógica de hacerlo.

Cómo impresionar a la gente que conoces

Cuando estés intentando conseguir amigos, lo más importante que necesitas hacer es impresionar a las personas. Tienes que asegurarte de que las impresiones que generes sean positivas, para que la gente reaccione ante ellas de la manera adecuada. Tienes que asegurarte de que estas impresiones sean constructivas y útiles, para que las personas que te acaban de conocer deseen verte nuevamente y volverse amigos tuyos. Tienes que dejarles un buen sabor de boca. Deberían acordarse de ti con buenos recuerdos.

¿Crees que esta es una tarea difícil de realizar? ¡No lo es! Todo lo que se necesita son probablemente unos ajustes menores en tus patrones de comportamiento cuando conoces gente. Tienes que trascender el pensar en ti mismo y funcionará.

A continuación, te mostraré 10 cosas diferentes que definitivamente deberías adicionar a tu personalidad.

1) Asegúrate de ser presentado primero

Tienes que empezar por ser presentado ante los demás. La auto-presentación se ve genial en las películas, pero no está considerada como una forma adecuada de invitación en la vida real, salvo que tengas el estilo adecuado para ejecutarla. La mayoría de las personas no saben presentarse a sí mismas sin sonar groseras o imprudentes; por lo tanto, lo mejor es que alguien haga la presentación, excepto si la persona misma va a tu encuentro por sí sola.

Encuentra un conocido en común con la persona que

deseas conocer para que los presente. No tiene por qué ser una presentación larga y formal; eso en realidad podría resultar poco atractivo. Sólo una oración acerca de quién eres será suficiente para el primer contacto. También deberías averiguar quién es la persona. Saber el nombre de pila es importante cuando estás intentando trabar amistad con alguien, a menos que esa persona sea algún dignatario de alto perfil o algún tipo de realeza donde sería inapropiado preguntar por su nombre de pila.

Cuando estás siendo presentado, mantén una sonrisa en tu rostro. Mira a la otra persona a los ojos y sonríe. Toma la iniciativa en extender tu mano hacia la otra persona y repite su nombre tres veces en tu memoria para que luego puedas recordarlo rápidamente. Al saludar no debes verte aburrido o distraído en absoluto. Deberías crear una expresión en tu cara que diga que realmente te agrada conocer a esta nueva persona. También recuerda inclinarte un poco hacia la persona, pues esto indica interés de tu parte. Si el presentador te dice algo impresionante acerca de él o ella, entonces deberías impresionarte. Si no lo haces, parecerás un inmaduro, y la otra persona podría generar una impresión negativa de ti en ese preciso momento y lugar.

En el remoto caso de que te estés presentando a ti mismo, no te elogies con demasiadas palabras. Sé breve y sólo di lo que deberías decir. Unas pocas palabras mencionando tu nombre y unos pocos detalles personales, como por ejemplo dónde trabajas y dónde vives, deberían ser suficientes. Muéstrate igualmente interesado en saber los mismos detalles de la otra persona.

Si se acercan a ti y se presentan, entonces esta es una indicación de que ya están interesados en formar amistad contigo. Deberías aprovechar esta oportunidad. Ya han decidido agregarte a su lista de amigos, entonces se vuelve más fácil para ti generar una impresión positiva en ellos.

En tal situación, mantén una expresión cálida en tu rostro. No saltes de alegría sólo porque alguien se acercó a ti y se presentó. Eso te hace ver infantil y a la gente no le gusta mucho. Al mismo tiempo, no seas demasiado reservado, pues eso hará que se alejen de ti. Mantén una imagen calma y serena de ti mismo, y cuando empiecen a decir cosas acerca de ellos mismos, apréndelas de memoria. Ahora llega el turno de hablar de ti mismo por cortesía, mencionando detalles de tu vida que sean equivalentes a lo que sea que ya te hayan dicho. Permíteles saber adecuadamente quién eres. También existe la posibilidad de que ya te conozcan de antemano, y ésa sea la razón por la cual se acercaron a ti y se presentaron.

En todo caso, sé breve y preciso durante todas las primeras presentaciones. No hables mucho y aparenta estar interesado. Sonríe; mira a la otra persona a la cara. Hazles saber que fue un gusto conocerlas. Recuerda que este es su primer contacto contigo, por lo que debes dejar una buena y positiva impresión en el primer encuentro.

2) Sé atento

Durante ese primer encuentro, y durante cualquier otro encuentro posterior que tengas con una determinada persona, uno de los hábitos más cruciales es estar muy atento a lo que te están diciendo.

Prestar cuidadosa atención a lo que tus amigos dicen funciona de más maneras de las que puedas imaginar. No se trata únicamente de recolectar información; en realidad estás averiguando más acerca de la persona con la cual estás hablando. Al escucharlas te puedes formar una idea más clara acerca de cómo es esa persona.

Pero lo más importante es que escuchar con atención lo que las personas están diciendo es señal de cortesía y educación. Si te están contando algo acerca de ellos mismos, entonces es necesario que lo escuches bien para que hagas comentarios al respecto posteriormente. Es muy significativo que hagas sentir importantes a los demás. Si quieres impresionar a las personas, entonces ésta es la manera de hacerlo. Procura que las personas sepan que estás escuchando lo que dicen y que también estás prestando atención a ello.

Durante la conversación, préstales atención. No te distraigas con otras cosas, y no cambies de tema cuando están hablando de algo en particular. Cuando alguien está hablando contigo no es el momento de revisar tu teléfono móvil por mensajes o llamadas perdidas. Te darás cuenta de que mostrar un interés genuino en lo que alguien dice es muy importante a la hora de impresionar a las personas.

Recuerda que luego de haberte presentado a la otra persona, tu capacidad para establecer alguna conexión significativa dependerá de tu actitud, tu habilidad para sincronizar los muchos aspectos físicos de comportamiento tales como el lenguaje corporal (la postura, las expresiones y los gestos faciales) como así también el tono y el ritmo de tu voz.

También entran en juego tus habilidades para conversar y tu capacidad para saber con qué tipo de persona estás hablando.

Hay ocasiones en las cuales estamos realmente interesados en lo que dice una persona, pero no manifestamos las expresiones adecuadas. Si eso sucede, ¿cómo sabrá entonces la otra persona que tú estás sinceramente interesado? ¿Cómo sabrán que pueden seguir hablando acerca de lo que están diciendo si no demuestras genuino interés? Si se dan cuenta de ello podrían sentirse nerviosos y alejarse.

Por esta razón, asegúrate de mostrar interés en lo que las personas dicen demostrándolo con tu rostro y la postura de tu cuerpo. En este punto la actitud es de suma importancia, ya que la misma controla a la mente y ésta a su vez controla el lenguaje corporal. Todo esto sucede de manera inconsciente.

Al conversar con alguien, existen dos tipos de actitudes: actitudes útiles y actitudes inútiles. Las primeras son aquellas que impartes a la otra persona cuando sabes lo que quieres comunicar. Las actitudes inútiles son aquellas que provienen de personas que no saben o no esperan mucho de su comunicación.

Para ilustrarlo mejor, algunas actitudes útiles a la hora de conversar con alguien pueden ser demostrar entusiasmo, seguridad, ser positivo, alegre, estar atento, ser ingenioso, agradable y participativo. Por el contrario, algunas actitudes inútiles pueden ser estar enojado, ser sarcástico, impaciente, demostrar aburrimiento, ser pesimista, impaciente, burlón y dubitativo.

Siempre ten en cuenta que en los encuentros cara a cara, tu actitud te precede. Es decir, tu actitud, cualquiera que esta sea, va delante de ti y llega antes de lo que estás diciendo. Por eso es muy importante que sepas muy bien lo que deseas comunicar.

Además de tu actitud a la hora establecer alguna

conexión significativa mencioné antes que es muy importante el lenguaje corporal, el cual está conformado por posturas, expresiones y gestos. Este tipo de lenguaje puede ser de dos tipos:

1. Abierto: Cuando las posturas, expresiones y gestos incluyen a la otra persona.

2. Cerrado: Cuando las posturas, expresiones y gestos excluyen a la otra persona.

Las posturas abiertas demuestran confianza en uno mismo e indican cooperación, entusiasmo, acuerdo, disposición y aprobación. Algunas posturas abiertas son brazos y piernas a los lados, sin cruzar, y una leve inclinación hacia la otra persona. Si estás vistiendo con un saco o una chaqueta, asegúrate que esté desabrochado.

Las posturas cerradas son como una especie de muro alrededor del corazón, protegiéndolo y diciendo "Aquí no se entra." Las más comunes son brazos y piernas cruzadas, poner el cuerpo de costado y menearse nerviosamente de vez en cuando.

Algunos gestos y expresiones abiertas: sonrisa, contacto visual, manos abiertas y cejas levantadas.

Algunos gestos y expresiones cerrados: evitar el contacto visual, manos en los bolsillos, fruncir los labios y el ceño fruncido.

Vale aclarar que estos gestos deben interpretarse dentro de su contexto, es decir, con el lenguaje corporal y sus expresiones incluidas, ya que un simple puño cerrado, por ejemplo, puede ser señal de victoria.

Teniendo en cuenta que el 55% de nuestra conversación se expresa usando el lenguaje corporal, que 38% lo hace nuestro tono de voz y que solo el 7% corresponde a las palabras empleadas, podemos decir que más de la mitad de nuestro mensaje se expresa a través de nuestro cuerpo.

Es por eso que para ser creíbles debemos ser congruentes. Es decir, que los tres canales de comunicación (el lenguaje corporal, el tono de voz y las palabras) den el mismo mensaje que queremos transmitir. Esto es básico para lograr una conexión positiva y dejar una buena impresión en los demás.

La postura corporal y las expresiones físicas son también una ventana hacia tus sentimientos, y comunican exteriormente lo que estás sintiendo en tu interior. Si de verdad quieres generar las impresiones adecuadas y hacer amigos, entonces toma en cuenta estos consejos.

3) Haz las preguntas correctas

Tomando el punto anterior un paso más allá, tienes que reaccionar de alguna manera ante lo que las personas están diciendo. Tienes que reaccionar acorde a las circunstancias. Cuando la gente te dice algo, quieren que actúes acorde a lo que te están diciendo, o que les des consejos, o que solamente digas algunas palabras de alivio y apoyo. Buscas las mismas cosas cuando estás hablando con alguien, ¿verdad? Lo mismo se aplica para todos los demás.

Es por ello que debes ser evocativo. Una de las mejores maneras de hacer esto es marcar la conversación con las preguntas correctas en el momento adecuado. Cuando te dicen algo, debes estimularlos con la pregunta correcta. Pregúntales algo que tenga que ver con lo que te están contando, y verás que eso de repente genera un efecto positivo. Se encenderán, sólo porque les preguntaste algo mostrando interés. No demasiadas personas hacen eso en una conversación con desconocidos. Los dejan hablar y ni se molestan por lo que están diciendo. Pero si de verdad les prestaras tu oído y entonces les preguntaras algo más acerca del asunto, entonces se van a sentir muy importantes. La impresión que esa persona está construyendo de ti empieza a desarrollarse y va en aumento desde ese momento en adelante.

La fórmula para una comunicación exitosa consta básicamente de tres partes:

1. Saber lo que quieres. Debes formular afirmativamente tu intención e imaginarla, sentirla y escucharla dentro de ti. Por ejemplo: "Quiero que más

personas conozcan los beneficios de mis productos", "Quiero conocer gente sobresaliente y que me den su información de contacto", etc.

2. Analizar lo que estás obteniendo de la conversación: En este paso evalúas cómo va la plática para ver si te lleva a la meta que te has propuesto anteriormente.

3. Cambiar lo que estás haciendo hasta conseguir lo que quieres.

Lo que vas a leer es muy básico y hasta suena repetitivo, pero es muy importante. Durante la conversación debes hacer dos cosas: utilizar preguntas al hablar, pues de esta forma detectas intereses comunes y escuchar activamente.

Tus preguntas no deberían ser personales u ofensivas de ninguna manera. Tienes que tener cuidado con eso, porque una pregunta desubicada podría ser contraproducente. Las personas a las que ofendes en tu primer encuentro sin duda no querrán verte nuevamente. Tus preguntas deben ser muy casuales, pero sin embargo, estar relacionadas a lo que están diciendo. Por ejemplo, si te están hablando acerca de su viaje reciente a Malasia, puedes comentar acerca de lo bullicioso que es el aeropuerto de Kuala Lumpur. Esto les dirá inmediatamente que estás prestando atención a lo que están diciendo, y también les dará la impresión de que tienes idea acerca de lo que te están comentando. Esto es lo único que en realidad hace la diferencia.

Las preguntas que puedes formular pueden llegar a ser de dos tipos:
1) Preguntas Abiertas: Se denomina así a las preguntas en las cuales su respuesta requiere una explicación.
2) Preguntas Cerradas: Requieren un SÍ o un NO como respuesta.
Una de las maneras más naturales de comenzar un diálogo es hacerlo con una frase acerca del lugar o la ocasión que los reúne y luego formular una pregunta abierta. Un ejemplo: "Qué bonita es esta habitación", "Mira cuánta comida están sirviendo", "Cuánta excelencia en el servicio". A continuación podemos hacer una pregunta abierta: "¿Qué opinas del cuadro que está arriba del hogar de leña?", "¿Conoces el nombre de aquella flor?".

Las preguntas abiertas siempre comienzan con las siguientes palabras:

- ¿Quién?
- ¿Cuándo?
- ¿Qué?
- ¿Por qué?
- ¿Dónde?
- ¿Cómo?

Si el encuentro con la persona con la cual estás tratando de establecer una comunicación se da en algún lugar común (hoteles, conciertos, viajes, etc.) luego de decir "Hola", se puede continuar con alguna de estas preguntas:

- ¿De dónde eres?
- Nunca he estado en…. ¿Cómo lo describirías?
- ¿Cómo terminaste allí?
- ¿Cuánto tiempo vas a estar allí?
- ¿Siempre viviste ahí?

Si responde que sí, entonces podemos seguir con: Si sólo tuviera tres horas ahí, ¿Qué es lo que me recomendarías que conozca? Si responde que no: ¿Dónde más viviste?

Recuerda siempre hablar de los intereses de los demás. En todas las situaciones es muy importante hacerle a la persona tres preguntas para que ellos puedan interactuar con nosotros. Si vemos que después de la tercera pregunta no hay devolución, entonces podemos decir gracias y terminar la conversación.

Es muy importante escuchar activamente a la otra persona, es decir, atender lo que dice la persona y que pueda sentir que me importa lo que dice. Por ejemplo:

- ¿Cómo te trata el clima desde que llegaste?

- Bien, a mí me encanta el calorcito, pero a mi pareja no, por lo que está pensando

seriamente en mudarse al Norte sin mí, y me
pareció como que lo dijo en serio.

- Parece que tendrás que tomar una gran
  decisión. ¿Cómo lo vas a manejar?

Si tenemos la oportunidad de chatear con video,
mientras prestamos atención a lo que dice el otro
debemos acompañar esa actitud asintiendo con
palabras y tener cuidado con el lenguaje corporal.

Algunas palabras que puedes utilizar para demostrar
atención cuando la otra persona está hablando son:

- Ahá
- Sí
- ¿En serio?

Para demostrar atención con el lenguaje corporal se
puede hacer lo siguiente:

- Asentir con la cabeza
- Mantener el contacto visual, pero sin mirar
  fijamente

Es la química lo que importa de verdad. Cuando estés
intentando generar una impresión en alguien, la
química que tengas con esa persona importa mucho.
Con sólo relacionarte de alguna manera a lo que dicen,
ya son compañeros de armas. Si hablan acerca de la alta
tasa de interés que está teniendo Citibank, tú

menciones lo difícil que se te hizo lidiar con su manejo de pagos por tarjeta de crédito. Es en ese momento en el cual se han conectado mutuamente, ¡gracias a Citibank!

Durante toda la conversación, deberías buscar tales pistas para continuarla y conectar con la gente. Debes ver en qué punto se pueden conectar. Y ése es el motivo por el cual debes prestar cuidadosa atención a lo que están diciendo. Esa es la razón por la cual deberías aferrarte a cada palabra, y cuando tengas la oportunidad, ¡hacer la pregunta!

La próxima vez que estés con alguien, prueba esto. Te vas a sorprender al ver el poder de la pregunta posicionada correctamente, de manera casual pero estratégicamente. ¡Podrías conseguir un amigo en ese preciso instante!

4) Construye seguridad en ti mismo

Otra cosa muy importante es que tienes que estar seguro de ti mismo. Esto debería notarse claramente en tu comportamiento y tu manera de hablar. Algunas personas se ponen nerviosas cuando están en presencia de gente nueva. Si esto es algo que te sucede a ti también, entonces deberías intentar superar esa costumbre. Si te asustas de las personas no vas a ser capaz de generar un fuerte impacto en ellas.

Recuerda que son personas como tú. Tienen los

mismos tipos de debilidades y limitaciones que tú tienes. También te están conociendo por primera vez, así que probablemente estén sobre el mismo terreno inestable en el que estás.

Si mantienes estas cosas en mente, no se vuelve difícil acercarse a alguien. Te das cuenta de que todos son solamente humanos y el nerviosismo es una parte de lo que nos toca por serlo.

Desarrolla tu confianza. Cuando alguien se acerque a ti, no busques a tientas las palabras. Sé directo y habla coherentemente. No es necesario que hables demasiado —en realidad a nadie le gusta eso —, pero lo que sea que digas, dilo en pocas palabras y adecuadamente.

Mejora tu conocimiento. Lee el periódico todos los días. Busca información en Internet. Todo esto importa a la hora de impresionar a las personas. Alguien que ha leído mucho y está bien informado es alguien seguro. A las personas les gusta codearse con alguien que tenga la información correcta y pueda hablar sobre temas variados e interesantes.

El construir seguridad en ti mismo tiene que ver con derrotar la timidez. Un proverbio griego dice: "Mientras el tímido reflexiona, el valiente va, triunfa y vuelve." En mi libro "Cómo desarrollar una personalidad dinámica", en la sección sobre cómo vencer la timidez, menciono lo siguiente: "La timidez no es una discapacidad, pero sí obstaculiza el crecimiento de tu personalidad a largo plazo. Edme P. Beauchene, (1780 – 1830), escritor y médico francés, lo expresa de esta forma: "La timidez se compone del deseo de agradar y del temor de no conseguirlo." Para algunos es un indicio de falta de confianza en uno mismo, mientras que para otros representa la creencia de que nunca podrán lograr lo que se han propuesto en la vida, así que simplemente se cuestionan ¿para qué intentarlo?"

Cuando estés con otras personas, muestra seguridad en lo que dices y haces, pues las personas estarán monitoreando cada movimiento que hagas, pero no deberías estar nervioso en absoluto. Esto es algo que le pasa a todo el mundo. Lentamente, vas a empezar a encontrar la diversión en conocer gente nueva y generar una impresión en ellos. Vas a ver que es realmente genial conocer a muchas personas e interactuar con ellas.

Cuando eso suceda, te darás cuenta de que no estás buscando seguridad en ti mismo de manera consciente, sino que simplemente te sucede… simplemente puedes hacer y decir las cosas correctas sin siquiera pensar en ellas. Esto es a lo que deberías apuntar. Con práctica, seguramente llegarás a ese punto también.

5) Déjalos hablar

Es de suprema importancia que dejes hablar a la gente, al menos cuando te conocen por primera vez. Deberías otorgarles su tiempo "en el aire." Déjales decir lo que quieran, incluso si lo hacen de una manera muy chabacana.

Todos gustan de un par de oídos a los cuales hablarles; lo he dicho antes y lo repito ahora porque es una verdad muy profunda. Las personas quieren a alguien a quien puedan decirle lo que sea que quieran decir. De hecho, si hiciéramos una lista de las 10 razones más importantes para tener amigos, ¡la necesidad de tener a alguien a quien hablarle sería la número uno!

Tras ser presentados mutuamente, alguno de ustedes tiene que continuar con la conversación. En la mayoría de los casos te encontrarás con que la otra persona lo hace. Harán un comentario casual, entonces tú dices algo sobre ello, y desde ahí se continúa la conversación. No tienes que movilizarla, excepto para marcarla con las preguntas correctas, como mencioné anteriormente. Es bastante simple tener una conversación así, especialmente si puedes encontrar algún tema de interés mutuo.

Deja que las personas continúen si quieren. No van a estar hablando todo el tiempo. Incluso si sientes que alguien habla demasiado, podría ser una primera impresión errónea. Tal vez quieran hacerte saber algo en particular. Es realmente genial escuchar a la gente, pues existe un abanico muy amplio de cosas para aprender de sus experiencias. Por eso sigue escuchando. Nunca sabes dónde podrías encontrar algo realmente interesante que podría hacer que la conversación siga adelante por mérito propio.

Tú, por otra parte, habrás generado una gran impresión en la persona. Para ellos tú serás la persona que ha escuchado lo que tenían para decir. Serás la persona que les dio el escenario y la plataforma mediante la cual expresarse. Te conviertes en un amigo maravilloso desde ese momento. Para muchas personas, ser escuchadas significa mucho más que recibir préstamos de dinero, por ejemplo. Querrán tu compañía por más tiempo.

6) Usa las expresiones adecuadas

John C. Maxwell cuenta esta historia en su libro Liderazgo de Oro: Un par de cazadores campesinos están en el bosque cuando de repente uno de ellos cae desplomado a tierra. Parece no estar respirando y no responde. El otro campesino comienza a entrar en pánico, entonces saca su teléfono celular y llama al 911.

Muy asustado y sin saber cómo reaccionar, le grita al operador: "¡Mi amigo Bubba está muerto! ¿Qué puedo hacer?"

El operador, tratando de calmarlo, le dice, "Tómelo con calma. Yo le puedo ayudar. Por favor escúcheme con cuidado y siga mis instrucciones. En primer lugar, vamos a asegurarnos de que realmente esté muerto…"

Se produce una breve pausa en la comunicación, y luego el operador oye un disparo de arma de fuego. Luego escucha que el campesino regresa al teléfono y dice: "Bueno, ¿y ahora qué?"

A veces es fácil escuchar las palabras sin escuchar el mensaje real. Creemos que sabemos lo que se nos está diciendo, pero en realidad saltamos a conclusiones innecesarias e inútiles. Hemos sido creados con dos orejas y una sola boca por una razón, para ser mejores oyentes e interesarnos por lo que dicen los demás.

Al hacer esto, vamos a mejorar nuestras relaciones, tener una mejor comprensión de los demás y reducir la confusión.

Ser alguien expresivo es siempre algo bueno. Necesitas pensar acerca de lo que se te dice, y entonces reaccionar de manera acorde. Existen muchísimas maneras distintas de expresarte con respecto a algo. Aun así, asegúrate de que manifiestas estas expresiones. Son signos de que te importa la otra persona… de que estás verdaderamente interesado en lo que están intentando decir.

Gran parte de la impresión que generas está marcada por la manera en la que reaccionas durante las conversaciones con otras personas. Las interrupciones correctas siempre importan. Es necesario que muestres la cantidad necesaria de evocación. Eso siempre funciona.

Pero al mismo tiempo deberías asegurarte de que no exageras con tus expresiones. Eso podría ser contraproducente. Exagerar emociones podría dar la impresión que eres alguien falso. Deja que tus expresiones sean reales.

¿Cómo consigues eso? Una de las mejores maneras de hacerlo es "sintiendo" realmente lo que la persona está diciendo. Cuando alguien te está hablando, presta atención a lo que dicen. Colócate en su lugar y piensa en cómo habrías reaccionado tú ante la situación planteada si estuvieras en sus zapatos. Mediante el mero hecho de ponerte en su lugar, encontrarás las expresiones adecuadas.

Tus expresiones pueden generar un gran impacto en el camino por el cual transita la conversación. La persona que está hablando contigo entenderá que eres alguien al que le importan los demás, y que también sabes expresar tus sentimientos. Esto es algo muy valorado por los demás, al contrario de una persona que se cierra y no deja que otras personas sepan qué piensan.

No hay nada malo con mostrar las expresiones correctas en los momentos adecuados. No te van a tildar de blando. Por el contrario, las personas van a tener una impresión realmente importante acerca de ti; que eres una persona que se involucra con los demás de una manera muy afectiva y considerada.

7) Muestra tu cuidado y preocupación

En tus tratos iniciales con la otra persona, van a darse oportunidades en las cuales puedes mostrar tu cuidado y preocupación; y esto es algo que definitivamente debes hacer. Podría ser algo que dicen, y de repente les correspondes con una expresión que les demuestra que te importan. O podría ocurrir algún incidente cuando se están conociendo, que muestra que te preocupas por ellos.

La cortesía también juega un rol importante. Si estás sentado cuando se acercan a ti, levántate. Es de muy mala educación permanecer sentado cuando alguien está parado frente a ti presentándose. Si tienes un plato de comida en tus manos y ellos no, es mejor dejar tu plato ahí abajo por un tiempo, estrechar manos mutuamente, sonreír cálidamente y entonces continuar con tu comida. Estos son buenos modales. Los mismos muestran que la gente te importa. Hacer estas cosas es importante durante los encuentros iniciales, porque las personas van a revisar cada signo y señal que les des. Quieren saber si para ti es algo positivo conocerlos. Si sigues masticando ese pedazo de carne cuando un desconocido te habla, esa actitud da signos de muy malos modales.

Tienes que ser especialmente cuidadoso si eres un hombre y la persona que está siendo presentada es una dama. Sé cortés, ¡pero no hay necesidad de ser un galán! A las mujeres no les gusta eso hoy en día. No quieren ser tratadas de diferente manera sólo por su género. Al mismo tiempo, tampoco puedes palmear su espalda o abrazarlas como harías con tus amigos hombres. Tienes que ser cuidadoso a la hora de manejarte en esa situación.

En todos los demás aspectos, muestra tu cuidado y preocupación. Pregúntales acerca de dónde viven, cómo se ganan la vida, etc. Estas son preguntas "seguras" para hacer. No son demasiado personales para un primer encuentro, y dan la impresión de que sólo intentas conocer mejor a la persona.

8) Habla de ti mismo

Ahora viene la parte importante. ¿Qué tanto acerca de ti mismo deberías decirle a un desconocido? Tienes varias cosas para decir, por supuesto, pero ¿deberías revelar todo? Déjame mostrarte algunas razones por las cuales no deberías hacer eso. Primero, da la impresión de que te estás dando demasiada importancia a ti mismo, algo que nunca es bueno. Pareces una persona egoísta e indiferente si simplemente hablas de ti mismo y no escuchas lo que la otra persona tiene para decir. Sin embargo, si los escuchas de manera equivalente, entonces esto podría ser aceptable. El otro motivo es que todavía no has decidido si quieres o no tener una amistad cercana con esta persona. ¿Deberías decirle cosas acerca de ti mismo? Todavía no, preferiblemente.

Nuestra intención aquí es generar impresiones en todo el mundo y ganar amigos, pero eso no significa que debes contarles todo acerca de ti mismo todavía.

Al mismo tiempo, recuerda que permanecer callado nunca es una alternativa. Nunca es una buena idea hablar tanto de ti mismo que la otra persona palidece en comparación. Si has logrado muchas cosas, omite esa información durante la primera conversación. Tienes que generar impresiones en la gente, pero no deberías generar impresiones erróneas.

Entonces, ¿de qué puedes hablar con las personas a las que conoces por primera vez? Puedes hablar acerca de cosas casuales de las cuales ambos estén asociados. Por ejemplo, si se conocen en la fiesta de un amigo en común, hablar de ese amigo sería una buena idea. Podrías hablar acerca de cómo estás conectado con ese amigo, incluso contar alguna experiencia que hayas tenido con esa persona, pero que no sean demasiado personales. O si se encuentran de camino a la escuela acompañando a tus hijos, podrías hablar acerca de la escuela misma. Hay temas seguros de los cuales hablar. Estás diciendo cosas acerca de ti mismo, estás conociendo a la otra persona, y al mismo tiempo, no estás traspasando ningún límite o divulgando más información de lo que debieras.

Siempre es una buena idea seguir la dirección que te dan. Si alguien te habla sobre algo, entonces puedes simplemente seguir la corriente sobre el asunto y decir algo que esté relacionado a ello pero que sea una experiencia personal tuya. Si alguien te cuenta acerca de cómo celebró la Navidad, entonces tú también puedes contar algunas cosas acerca de tu propia experiencia navideña.

La conversación que debes mantener es así. Habla de cosas que no sean aburridas para las personas, y sobre cosas que le den sentido a la conversación. Deberían estar relacionadas a lo que están diciendo, porque entonces se dan cuenta de que estás prestando atención a lo que dicen, y se sienten bien al respecto.

Siempre recuerda que las conversaciones tienen dos lados. Las dos personas que participan de la conversación deben tener la misma importancia y oportunidades para expresarse a si mismos. Esta es la mejor manera de manejarse en esas situaciones, tenlo por seguro.

9) Sé honesto y franco

Siempre vale la pena ser honesto y sincero sobre lo que estás haciendo en todo momento, y si te atienes a esto cuando estás teniendo una conversación inicial con alguien lograrás una excelente impresión en la persona con la que estás platicando.

Cuando estés hablando con alguien por primera vez, nunca cometas el error de exagerar algo acerca de ti mismo. La gente hace eso todo el tiempo. Sienten que las conversaciones jactanciosas pueden impresionar a la gente más rápido. Sin embargo, la mayoría de la gente puede ver a través de las personas. Entienden que un alarde egocentrista es sólo eso... una simple ostentación celebrando el orgullo. La impresión que estabas intentando generar se desplomará al piso cuando cometas el error de decir algo así.

Incluso si la persona no comprende que lo que estás diciendo es algo ficticio en un primer momento, se darán cuenta de ello tarde o temprano. Si estás planeando llegar a tener un vínculo de amistad con ellos, entonces evita cualquier gesto de suntuosidad en tu conversación. Cuando sea que esto suceda, estarás en una situación muy difícil y complicada. No sólo estarás arriesgando el perder la impresión positiva que estabas generando frente a esta persona, sino que ella probablemente le cuente a todo el mundo acerca de tus mentiras. Ese podría ser el final de tu juego a la hora de intentar crea buenas impresiones en los demás.

Por lo tanto sé honesto y di lo que debes decir. No exageres. Sé sincero acerca de tus logros, acerca de lo que eres, acerca de la gente en tu vida, sobre todo. No hay absolutamente ninguna necesidad de tratar de impresionar a nadie con mentiras. Hacerlo seguramente no funcionará, y a fin de cuentas es mejor evitarlo si estás tratando de convertirte en una mejor persona.

10) Invita a las personas

La mejor oportunidad para crear una impresión favorable en las personas es cuando se está acabando la conversación. Hay tantas cosas que puedes hacer en ese momento. Si ellos dicen que tienen que irse, debes dejarlos ir… es sólo su primera impresión, el intentar presionarlos para que permanezcan contigo desembocará en la formación de una mala imagen de ti. Pero al mismo tiempo, tienes que expresar lo que sentiste acerca del encuentro. Deberías decir que fue agradable conocerlos, y que te gustaría conocerlos mejor, si tal oportunidad se presentase.

Siempre ten presente cualquier oportunidad para comunicarte posteriormente con ellos. Pídeles su tarjeta o número de teléfono. No estás buscando una relación romántica aquí, sino que estás en busca de amigos. Que la gente se dé cuenta de ello.

Nunca pierdas la oportunidad de encontrarte con las personas nuevamente. Si hay algo que está por suceder, como un evento en común al cual ambos puedan asistir, asegúrate de decirle que esperas verlos allí. Eso les gustará, y si el primer encuentro ha ido bien, incluso esperarán con ansias la siguiente ocasión para verte.

Esta es una manera muy casual de abrir camino a una nueva oportunidad para hablar con ellos un poco más. Captarán que has disfrutado de estar con ellos. ¡Lo más probable es que estén presentes en el próximo evento, buscándote!

Recuerda algunas cosas importantes: Si le caes bien a la gente, ellos se sentirán a gusto y muy cómodos a tu alrededor. Te brindarán su atención y estarán abiertos a todo lo que tengas para decir.

La capacidad de ser amistosos o simpáticos para los demás tiene algo que ver con cómo lucimos en el exterior, pero tiene mucho más que ver con cómo hacemos sentir a los demás.

Si bien es cierto que captamos la atención de la otra persona con nuestra simpatía, también es cierto que los demás se enfocarán en nosotros de acuerdo al grado de conexión que establezcamos con ellos. Nichols Boothman indica que esa conexión debe hacerse en menos de 90 segundos, ya que el período de atención de una persona promedio es de sólo 30 segundos, y el resultado dependerá en gran medida de los siguientes factores expuestos a continuación:

- Presencia: es decir cómo lucimos y cómo nos movemos.
- Actitud: Qué decimos, cómo lo decimos y cuán interesantes somos.
- Por último, Cómo hacemos sentir a la gente

Estas son las opciones que te pueden ayudar a la hora de generar una impresión maravillosa en la gente. No es fácil hacer todo esto de un día para el otro —algunas de estas cosas tienen que ser practicadas y toman tiempo para incorporarse en tu rutina diaria, pero cuando las utilices de manera adecuada, verás que se convierten en algo instintivo dentro tuyo. Ese es el momento en el cual ya puedes impresionar a la gente de forma automática. No tendrás que hacer mucho para que sean felices, ¡ya que muestras tu preocupación por ellos!

7

Amigos por internet,
todo un mundo nuevo

"Un amigo es una imagen que tienes de ti mismo."
Robert Louis Stevenson (1850-1894). Escritor británico.

Con la llegada del Internet, un mundo completamente
nuevo se ha abierto, incluso en términos de amistad.
Hoy en día, la gente tiene más amigos en línea que en la
vida real. Si estas buscando ganar amigos, simplemente
no puedes ignorar esta alternativa. Sin embargo,
recuerda: impresionarlos en este ámbito representa un
juego con reglas totalmente distintas.

Estas amistades pueden no ser tan fuertes como la
amistad en el mundo real y no puedes hacer cosas

como salir por ahí con ellos, pero de todos modos, ¡son amistades! Las personas que saben cómo manejarlas bien pueden fomentar relaciones extraordinarias usando este medio, incluso establecer asociaciones de negocios o relaciones para toda la vida que van mucho más allá del mundo del Internet, filtrándose hacia el mundo real.

¿Dónde se encuentran amigos por internet?

Si ya eres usuario del Internet, hay muchas posibilidades de que ya hayas formado una buena amistad en línea.

Una de las mejores —y más fáciles— maneras de hacer amigos en línea es a través de sitios Web de redes sociales como Facebook, LinkedIn y Orkut. Estos son lugares maravillosos para encontrar personas que tengan los mismos gustos e intereses que tú tienes. Incluso tú mismo puedes construir comunidades de personas que tienen intereses afines, y pasar mucho tiempo significativo con ellos. Es muy sencillo hacer nuevos amigos de esta manera. Los amigos de tus amigos son excelentes opciones. Una vez que hagas un amigo, todos estos sitios Web te darán recomendaciones de posibles nuevos amigos, los cuales son contactos del amigo que acabas de hacer. Incluso podrás ver sus perfiles y luego decidir si deseas contactarlos como amigos. Si decides que quieres hacer eso, todo lo que tienes que hacer es enviar una invitación de amistad, y ellos la aceptarán si desean ser tus amigos.

Lo mejor de hacer amigos en los sitios Web de redes sociales es que tienes la oportunidad de ver sus perfiles y así tener una idea preliminar acerca de cómo pueden llegar a ser en realidad.

Otra forma muy interesante de hacer amigos es tener un blog propio. Un blog es como un diario de vida que contiene mensajes que tú escribes. En un blog puedes publicar sobre tus delirios personales y despotricar en contra de lo que quieras, y tendrás un grupo de fieles lectores. Estas personas pueden hacer comentarios sobre lo que escribes. Con el tiempo, le empezarás a gustar a estas personas, y su comunicación puede ir más allá de lo que se intercambia en el blog. Podrías añadirlos en la lista de tu mensajero personal para chatear, y las conversaciones pueden ir más allá de los asuntos que son tratados en tu blog. Una de las cosas buenas de encontrar personas a través de blogs,} es que sabes cómo son, y ya están impresionados por lo que publicas, lo cual es el motivo por el que leen y comentan. Podría ser una gran idea ponerse en contacto con ellos en la vida real. Podrían ser gente muy interesante para platicar y hasta conocer en persona.

Hay algunas maneras en las que puedes hacer que la

gente se acerque a ti directamente. Una forma es a través del marketing en YouTube, un sitio muy popular en estos momentos. Se consigue con simplemente hacer un vídeo sobre ti mismo y publicarlo en YouTube. Las personas pueden hacer comentarios al respecto y ponerse en contacto contigo directamente. Es mejor hacer un video que dice algo informativo, como por ejemplo uno que les enseñe a las personas cómo hacer algo. Aquellos que vean tales videos y gusten de ellos, pueden ponerse en contacto con el creador del video para obtener información adicional.

Hoy en día están en auge los videos de grupos de personas que se juntan para hacer algún sketch cómico y luego subirlo a Youtube, logrando miles y hasta millones de visitas. También están los "booktubers", personas que leen libros y se conectan con otras personas con gustos similares por la lectura.

A medida que usas el Internet cada vez más, encontrarás que hay muchísimas opciones distintas para hacer amigos. Gente a la que no conoces en absoluto puede llegar a ser un muy buen amigo, contándote acerca de diversas cosas útiles, y ayudándote de maneras muy diversas. Sin embargo, para encender tal amistad, tendrás que hacer un esfuerzo extra. Estas personas no te conocen para nada, por lo tanto, tomará cierto trabajo adicional de tu parte el hacer buenos amigos utilizando el Internet.

¿Por qué las amistades en línea son diferentes?

Creo que la razón más importante radica en que tus amigos en línea no te conocen. Pueden estar en algún lugar totalmente diferente del mundo. Puede que ni siquiera entiendan tu cultura y tradición. Podrían no apoyar tus creencias o cualquier cosa que hagas. Puede haber un solo punto en común entre tú y tus amigos en línea, y esas son las cartas con las que tienes que realizar tu jugada. Se vuelve difícil mantener una amistad con personas con las que no tienes demasiadas cosas en común.

También está el hecho de que nunca has visto a estas personas. No sabes quiénes son. Incluso podrías no estar habilitado a ver sus fotos, ya que no todo el mundo pone sus fotos en los perfiles. Es por eso que no sabes cómo van a reaccionar, lo que les gusta o no, lo que les ofende, lo que les hace feliz, etc. Tienes que tratar con ellos en términos generales. Eso es lo que hace las cosas demasiado diferentes. Cuando no se puede ver a una persona, se hace muy difícil tratar con ellos de una forma en la que les gustaría ser tratados.

Otra cosa importante que debes saber acerca de las amistades en línea es que el factor de confianza se convierte en un punto importante para decidir si seguir adelante con la relación o no. El ciberespacio tiene sus aspectos negativos también. No vas a saber si una persona que está tratando de ponerse en contacto contigo tiene buenas intenciones o no. No se puede dar nada por sentado.

Y eso se aplica a la otra persona también. Así como tú no puedes confiar en alguien en Internet, no hay ninguna razón por la que ellos deban confiar en ti también. Es por esto que se les hace difícil comunicarse contigo. Tal vez a la mayoría no le interese ir más allá de la primera comunicación que tengas con ellos. Van a querer estar muy seguros antes de ir más lejos con cualquier asunto. Seguramente no te contarán nada personal desde el comienzo. Mantendrán las conversaciones en términos generales por un tiempo, y les gustará mantenerlas de esa manera.

También se hace difícil pensar en los gustos en común que podrías tener con la otra persona. Una vez que encuentras estas cosas en común, la amistad se hace mucho más fácil, pero hasta entonces va a ser un camino cuesta arriba.

8

El enfoque adecuado para impresionar
a los amigos en línea

"La amistad es un comercio desinteresado entre semejantes."
Oliver Goldsmith (1728-1774). Escritor británico.

Si consigues amigos en línea, es necesario tener la perspectiva correcta a la hora de tratar con ellos. Hacer amigos por Internet es relativamente fácil, pero mantenerlos como amigos ya es una tarea difícil. Estas son algunas maneras en las que puedes hacer de esto una tarea mucho más fácil.

Hemos visto cómo los amigos en línea pueden ser completamente diferentes a la gente que conoces en el mundo real. Son diferentes porque no tienes idea cómo son si estuvieras hablando con ellos cara a cara, y ellos tampoco tienen idea de cómo eres. Esto hace que la relación sea un poco más complicada. Aunque es posible que hayan estado en contacto entre sí a través de algo en común, mantener esa comunicación puede probar ser un trabajo difícil.

Estas son las formas en las que puedes impresionar a tus amigos en línea y también buscar asociaciones a largo plazo con ellos. Mantén estas cosas en mente cuando estés interactuando con alguien en línea y te sorprenderás al ver que también se pueden establecer relaciones duraderas con ellos, sin importar el hecho de que estén en una zona horaria totalmente diferente a la tuya.

Cuando se trata de amigos por Internet, recuerda que no querrán volverse demasiado íntimos muy pronto. Por lo tanto, lo mejor es limitar tus conversaciones a una charla general al principio. Mantén el tono alegre y feliz cuando te comuniques con ellos y no hagas nada inapropiado como intentar averiguar sus datos personales. Mantente del lado de las conversaciones casuales.

La mayoría de la gente en Internet está buscando algo. Incluso si hacen amigos, hay un motivo más allá detrás de esa búsqueda. Si encuentras a alguien en un sitio Web de redes sociales, están tratando de formar una red social contigo. Ellos están tratando de comunicarse contigo de modo que sean capaces de enlazarse, y tal vez formar un grupo. Si se ponen en contacto con la persona a través de su blog o a través de un artículo que has escrito sobre alguien, entonces es comprensible que estén buscando información.

Si los encontraste en una tienda en línea o en un sitio Web de reseñas, entonces están interesados en la compra de productos. Debes saber que incluso si estas personas se están comunicando contigo, tienen también algún otro propósito en mente más que el mantener una simple conversación. Si puedes tenerlas en cuenta y las ayudas con esa verdadera intención, entonces la amistad podría llegar a ser más significativa. Si te haces amigo de alguien que ha visitado tu blog y ha hecho un comentario al respecto, entonces es una gran idea darles más información. Eso se convierte en tu lazo en común con la persona, lo cual fortalece tu amistad con ella.

Recuerdo muy bien cómo mi amigo Fernando conoció a uno de sus socios. Fernando asistió a un encuentro de comercio electrónico que se realizó en su localidad, con lo cual conoció muchas personas en diferentes rubros relacionados al tema. Cuando en una oportunidad se dio cuenta de que necesitaba los servicios gráficos de alguna compañía, recordó que en el evento conoció a una persona que se dedicaba a ello.

Buscó el nombre de esta persona en una conocida red

social y lo contactó, y luego de varios encuentros concretaron el negocio. También intercambiaron información de sus perfiles en redes sociales, y pronto comenzó una relación de amistad que perdura hasta el día de hoy, la cual incluye un emprendimiento en común, el cual potencia las habilidades de los dos: el diseño gráfico y el comercio electrónico.

Recuerda las normas de cortesía en Internet. Hay cosas que debes tener en cuenta cuando te estás comunicando con ellos, ya sea mediante chat o correo electrónico. El escribir en mayúsculas se considera de mala educación, ya que es como si estuvieras gritando, y eso es algo que definitivamente se debe evitar a toda costa. También es mejor no utilizar términos locales en demasía, especialmente si la persona con la que hablas es de otro país. La jerga es específica de cada región; algo que es aceptable en tu país puede ser un insulto grosero en el país de la otra persona. No utilices demasiadas abreviaturas de Internet. Aunque sea algo aceptable el día de hoy, puede llegar a ser demasiado degradante si se utiliza demasiado. Además, te hacen parecer una persona poco seria.

Otra cosa que hay que tener en cuenta es la comunicación en sí. Siempre se considera como algo bueno comunicarse con la persona frecuentemente, a través de cualquier medio que prefieras. Si estás en un sitio Web de redes sociales, podría ser una gran idea llamar su atención ocasionalmente. Si estás en el chat, entonces envíale un mensaje ocasional o por lo menos un correo electrónico. Este tipo de comunicación les hace acordarse de ti. Es fácil olvidarse de la gente a la que uno no ve, y en Internet esto es mucho más posible, porque lo más probable es que nunca hayas visto a la persona. Por lo tanto, es importante mantener viva la conversación. Si se comunican contigo, haz que responderles siempre sea un hábito. Si no lo haces, entonces se puede interpretar como que has perdido el interés en ellos y no querrán comunicarse contigo más adelante. Ahí es donde puedes perder una amistad.

Cuando nos comuniquemos con los demás es muy necesario que sepamos cuál es la reacción que queremos de la otra persona. Si la finalidad de la comunicación es transmitir un mensaje o bien llegar a una meta determinada, pienso que somos nosotros los que tenemos la responsabilidad de que eso suceda. Pero si no sucede así, aun tenemos la flexibilidad de cambiar lo que hacemos para que finalmente consigamos lo que queremos. Las personas que poseen pocas habilidades al comunicarse es porque no han considerado en primer lugar la respuesta que desean de la otra persona y por lo tanto no consiguen aspirar a ella.

Que se vuelva una costumbre en ti corresponder a las personas a las que invitas a tu lista de amigos. Mucha gente tiene la irritante costumbre de ampliar su lista de amigos en los sitios Web de redes sociales y cuando la gente acepta esas invitaciones, ni se molestan en mandarles un mensaje. Cuando una persona acepta la invitación, debes asegurarte de corresponderles. Debes agradecerles por aceptar la invitación. Intenta comunicarte con ellos de vez en cuando, sólo como para mantener viva la relación. No vale la pena tener 100.000 amigos en Facebook a los que nunca les respondes. En cambio, es genial si tienes 100 amigos con los que estás en contacto constantemente.

Estas son las normas de conducta en Internet del nuevo mundo. Tienes que asegurarte de que las sigues fielmente. Si deseas hacer la mayor cantidad de amigos posible, el Internet es la mejor opción. Ahora que sabes cómo impresionar a la gente a través de Internet, las cosas se ponen más fáciles para ti. Con tu esfuerzo constante, estarás preparado para ganar amigos e influir sobre las personas, tanto en línea como en el mundo real. Recuerda que esto no es una actividad que haces sólo una vez; tienes que mantener tu comportamiento en todo momento si realmente quieres formar parte del mundo de otras personas.

9

Abarca todo lo que puedas

"La verdadera amistad es planta de lento crecimiento que debe sufrir y vencer los embates del infortunio antes de que sus frutos lleguen a completa madurez."
George Washington (1732-1799) Primer presidente de los Estados Unidos.

Si tu objetivo principal es ganar el mayor número de amigos e impresionar a tanta gente como te sea posible, entonces debes prestar mucha atención cada vez que puedas hacerte visible.

En Internet todo el mundo puede convertirse en un amigo; esta es una fiesta donde todos son bienvenidos. Mientras más seamos mejor. Puedes hacer sentir felices a todos, sin importar si tienes sólo 10 o 100 amigos. No importa. Hay maneras en las cuales puedes mantenerte en contacto con todos ellos.

No es necesario hablar con todos los amigos todos los días. Eso no es físicamente posible. Sin embargo, deberías de estar preocupado por ellos. El Internet ha hecho las cosas mucho más fáciles. Haz un grupo de Whatsapp para tus amigos o un grupo en Facebook y mantente en contacto con ellos. Incluso si les envías correos electrónicos constantemente, estas personas estarán en contacto contigo... ¡por lo menos ésa es una manera de hacerles recordar que existes!

Lo mismo ocurre cuando estás tratando de impresionar a la gente. Conoces gente nueva en todo momento. Todos los días es probable que conozcas a varias personas nuevas. Esto es algo en lo que debes pensar como un capital. Cada persona que conozcas podría ser un potencial amigo. Cuando te encuentras con alguna persona teniendo en mente que podrían llegar a ser buenos amigos tuyos en el futuro, entonces tu comportamiento frente a ellos cambiará automáticamente. Con esa actitud, realmente trabajarás duro para convertirlos en un amigo sólo porque tienes esa intención al conocerlos.

No importa a cuántas personas trates de impresionar. Puedes tratar de impresionar a todo el mundo si lo deseas. Si eres una celebridad o algún famoso internacional, entonces eso sin duda va a ser importante para ti: impresionar a todo el mundo. Una vez más, eso se traduce en un esfuerzo constante. Una vez que hayas generado una impresión en alguien, no puedes quitar esa impresión para nada.

Ahora, una de las cosas más importantes que hay que recordar cuando estés tratando de encontrar el punto en común con la gente y hacerlos tus amigos es que tienes que abarcar todo lo que puedas.

Abarcar todo lo que puedas simplemente significa que tienes que tratar de impresionar a la mayor cantidad de gente posible. Hay mucha gente a tu alrededor —cada persona es una oportunidad—, pero si eres un introvertido que se aleja permanentemente de la gente, entonces ¿cómo vas a lograrlo? Lo más importante para ti cuando estés intentando construir relaciones es tratar de difundir tu encanto a tantas personas como te sea posible.

En resumen, no debes dejar de impresionar a nadie con el que te encuentres. Siempre debes mantener al sistema funcionando. Siempre deberías estar esforzándote por generar una impresión favorable en las personas. Recuerda que las personas están tratando de juzgarte en lo que sea que estés haciendo. Tienes que asegurarte de que este tipo de impresión siempre tiene el impacto correcto, porque sólo así vas a ser capaz de enamorar a la gente lo suficiente como para que puedas llegar a ser su amigo.

Por eso trata de abarcar todo lo que te sea posible. No te quedes encerrado en tu propia casa. Sal de ella. No tengas miedo a la gente. Tienes que trabar amistad con todos y ganártelos, y para ello, sin duda tienes que salir de tu habitación y conocer gente nueva.

Conoce gente siempre que puedas, donde quiera que vayas. Encuéntrate con ellos en la iglesia, en su escuela, universidad o lugar de trabajo, en el barrio, al salir a correr y así sucesivamente. Todas estas personas están en busca de amigos, al igual que tú. Sin embargo, la mayoría de las veces sofocamos las amistades potencialmente excelentes por no comunicar nuestros sentimientos a la gente con la que nos encontramos. Si pudiéramos hacer eso, sin duda seríamos capaces de hacer muchos más amigos e impresionar a mucha más gente.

Es finalmente un juego de números. Cuanta más gente conoces, más posibilidades tienes de hacer amigos. La gente está en todas partes, pero tienes que contactarte con ellos. Comunícate con ellos de diferentes maneras. Se abrirán hacia ti y muchos de ellos se convertirán en tus amigos. Si la gente se está impresionando contigo en este momento, puedes hacerlo mejor, tratando de impresionar a más personas. Si ahora ya estás ganando amigos, vas a ganar más más amigos a medida que pase el tiempo. Todo esto conlleva algo de práctica.

No te enfoques en tu mismo "hábitat" de amigos. No pienses que solamente puedes hacer amigos en la escuela, en la universidad, en tu lugar de trabajo, en el campo de fútbol o en tu vecindario. Puedes hacer amigos en cualquier lugar al que vayas. Puedes impresionar a la gente donde quiera que vayas. Nuevas oportunidades están presentes en todas partes. Tienes que tener el ojo para visualizarlas. Tienes que probar de todo y ver lo que funciona. Quién sabe, ¡tu mejor amigo podría venir de los lugares más inesperados!

Toma esto como una dosis de motivación. Los amigos están en todas partes, sólo hay que buscarlos con más atención y mucho cuidado. Pero sigue buscando. Ten por seguro que encontrarás a los amigos adecuados para ti si eres lo suficientemente persistente en tu búsqueda.

Conclusión final

Todos necesitamos amigos; no hay duda al respecto. Los amigos son nuestro anclaje en la vida, nos vemos a nosotros mismos a través de nuestros amigos, son nuestro apoyo moral y emocional. Somos más dependientes de nuestros amigos de lo que pensamos. El propósito de los amigos no sólo es el de salir y hacer cosas divertidas juntos. Ellos son mucho más profundos que eso. Incluso si los amigos no hacen nada activamente para nosotros, el hecho mismo de que estén con nosotros significa mucho para nosotros la mayor parte del tiempo.

Además, también necesitamos impresionar a la gente. La gente está en todas partes y nos mira de cerca. Están tratando de entender lo que somos, e incluso nos juzgan basándose en nuestras acciones.

Pero, ¿necesitamos impresionar? Sí, en efecto. Esto se debe a que es sólo cuando impresionamos a la gente que ellos se vuelven receptivos para con nosotros. Impresionar a la gente no cuesta nada; sólo tienes que asegurarte de que tienes la actitud y el comportamiento adecuado al respecto, y la gente se verá impresionada. Los seres humanos están hechos de tal manera que las acciones de los demás influyen en ellos. Podemos crear influencias positivas en los demás. Impresionarlos también es importante porque no sabemos cuál de todas las personas a las que impresionemos se convertirá en un amigo de larga duración para nosotros. Los amigos son siempre necesarios; podría ser nuestro esfuerzo por impresionarlos en primer lugar lo que los acerque a nosotros.

Hay varias razones por las que deberíamos estar en una búsqueda constante para hacer amigos e influir a la gente con la que nos encontramos. Esto se debe a que somos criaturas sociales y no podemos prescindir de otras personas en nuestras vidas. Incluso si hay varios amigos en nuestras vidas, hay veces que podemos sentirnos solos. Esa es la razón por la que necesitamos tener tantos amigos como nos sea posible.

Espero que este libro haya creado esa chispa de optimismo en ti para ganar amigos e influenciar en las personas. Esta actividad puede convertirse en una característica muy importante en tu vida. Has aprendido lo que se necesita para impresionar a la gente de la manera adecuada. Esto puede ayudarte a convertirte en una persona más influyente.

Te deseo todo lo mejor.

Estimado Lector:

Nos interesa mucho tus comentarios y opiniones sobre esta obra. Por favor ayúdanos comentando sobre este libro. Puedes hacerlo dejando una reseña en la tienda donde lo has adquirido.

Puedes también escribirnos por correo electrónico a la dirección info@editorialimagen.com.

Si deseas más libros como éste puedes visitar el sitio de Editorial Imagen para ver los nuevos títulos disponibles y aprovechar los descuentos y precios especiales que publicamos cada semana.

Allí mismo puedes contactarnos directamente si tiene dudas, preguntas o cualquier sugerencia. ¡Esperamos saber de ti!

Más libros de interés

Alcance Sus Sueños - Descubra pasos prácticos y sencillos para lograr lo que hasta ahora no ha podido

Este libro ha sido escrito con el propósito de ayudarle a alcanzar aquellas metas que todavía no ha logrado y animarle a seguir luchando por aquellos sueños que está persiguiendo.

He dividido esta obra en 6 capítulos pensando cuidadosamente en todas las áreas involucradas en el proceso de alcanzar nuestras metas y lograr nuestros sueños.

El Arte De Resolver Problemas - Cómo Prepararse Mentalmente Para Lidiar Con Los Obstáculos Cotidianos

Todos tenemos problemas, todos los días, desde una pinchadura de llanta, pasando por una computadora que no enciende a la mañana o las bajas calificaciones de un hijo en el colegio. Sin embargo, debe prestar atención a sus capacidades para ser cada vez más y más efectivo.

Cómo Desarrollar una Personalidad Dinámica - Descubre cómo lograr un cambio positivo en ti mismo para asegurarte el éxito

La actitud correcta no sólo define quién eres, sino también tu enfoque y el éxito que puedas llegar a alcanzar en la vida.

En este libro aprenderás los secretos de las personas altamente efectivas en su negocio, cómo desarrollar una actitud positiva para tu vida familiar y tu profesión, cualquiera que esta sea.

Cómo Hablar en Público Sin Temor - Estrategias prácticas para crear un discurso efectivo

Hablar en público, en especial delante de multitudes, generalmente se percibe como la experiencia más estresante que se pueda imaginar. Las estrategias de oratoria presentadas en este libro están diseñadas para ayudarte a transmitir cualquier idea y mensaje ya sea a una persona o a un grupo de gente.

Cómo influir en las personas

Aprende cómo ejercer una influencia dominante sobre los demás. Un manuscrito descubierto recientemente enseña técnicas de control mental novedosas, provenientes de un estadista oriental antiguo.

Si realmente apuntas a la grandeza, riqueza y éxito en todas las áreas de tu vida, DEBES aprender cómo utilizar la influencia dominante sobre otros.

Lean Manufacturing En Español

- Cómo eliminar desperdicios e incrementar ganancias, Descubre cómo implementar el Método Toyota exitosamente

En este libro hallarás una gran variedad de consejos e historias reales de casos exitosos, incluyendo información reveladora y crucial que muchas empresas ya han puesto en práctica para agilizar sus procesos de producción y lograr la mejora continua.

Cómo multiplicar tu dinero y alcanzar la prosperidad - Descubre cómo se relaciona la gente con el dinero y supera las creencias limitadas que te impiden generar riqueza

Si no te puedes imaginar que sea posible ganar 10 veces más que tu ingreso actual, entonces ya te has puesto en tu cabeza un límite financiero. Si no puedes imaginarte que eres capaz de conseguir un ascenso, entonces ya has creado en tu cabeza un límite para tu carrera. Y podemos continuar. Con el tiempo has incorporado en tu mente una serie de límites y creencias.

Cómo Utilizar Las Palabras Para Vender - Descubre el poder de la persuasión aplicado a las ventas online (Serie Marketing)

¿Por qué tu competencia vende el triple si ofrece el mismo producto que tú ofreces, en las mismas condiciones y al mismo precio? ¡Tal Vez No Estés Utilizando Las Palabras Adecuadas!

La Ciencia de Hacerse Rico –
Como atraer el éxito para ganar dinero

Este libro es un manual práctico, no un tratado sobre teorías. Está diseñado para el hombre y la mujer que tienen como mayor necesidad el dinero, que quieren hacerse ricos primero, y filosofar después. Cada hombre o mujer que haga esto se hará rico, porque la ciencia aquí aplicada es una ciencia exacta y su fracaso es imposible.

El Secreto de los Nuevos Ricos -
Descubre cómo piensan las mentes millonarias del nuevo siglo

La razón por la cual la mayoría de los individuos batalla con sus finanzas es porque no comprende la naturaleza del dinero o de cómo funciona el sistema económico actual.

Hoy en día existen personas jóvenes que ya son ricas y han prosperado con éxito. En este libro descubrirás cómo piensan aquellos que han logrado enormes fortunas y cuáles son las reglas del juego en esta nueva economía.